「邪馬臺」は「やまたい」と読まず

― ヤマト文化の探究 ―

李国棟 著

目　次

序　章

「海」を水と認識しない日本人

一万一〇〇〇年前から、日本列島は海に囲まれている。この一万一〇〇〇年の間に、日本人は海に対する認識を次第に深め、「うみ」「あま」「わた」と命名してきたが、本章では、これらの呼称を語源学の角度から追究し、海に対する日本人独自の考え方を明らかにしたい。

一

まず、「うみ」について考察してみよう。

> 「大水」ウはウ音の母義で大の義、ミはミヅ（水）の下略。水の大いなる集合がウミである。

これは、藤堂明保監修・清水秀晃著『日本語語源辞典』（現代出版、1984年7月）の意見である。「うみ」は「大水」だという解釈であるが、しかし、この解釈は正しくないと筆者は思う。もし「うみ」が「大水」だと認識されていたとすれば、「みづうみ」、すなわち「水うみ」という言葉が生まれるはずはなかろう。「うみ」の中にもともと「水」の意味がないからこそ、「うみ」の前に「水」が入れられて「水うみ」という言葉が成立したのであろう。要するに、「水うみ」という言葉は、「うみ」が「水」と認識されていないことを成立の前提としているのである。

和語では、淡水のことを「まみづ」(真水) という。こうなると、「真水」の反対語である海水は偽の水となり、当然水とは認識することができない。この「まみづ」からも、「うみ」の原義は「大水」ではないと推察できるのである。

実は、「うみ」は「大水」だという解釈には、漢字「海」のサンズイヘンの影響が認められる。とはいえ、中国人は別に「うみ」のことを「大水」だとは考えていない。「海」という漢字は「水」と「毎」から成り、「毎」はまた「晦《かい》」に通じる。すなわち、「海」は「晦《くら》い水」であり、認識不可能な世界の表象である。東晋の干宝《かんぽう》が編纂した説話集『捜神記《そうしんき》』には、五〇〇話以上の怪異な説話が収められているが、海を発生場所とした説話は四話しかない。それに対して、湖を発生場所とした説話は十三話あり、川を発生場所とした説話は五十一話ある。この数字からも分かるように、昔の中国人はほとんど海を認識しようとしていなかったのである。

事実、中国人にとって、「大水」は「海」ではなく、「湖」である。「胡」は「巨」に通じるから、「湖」は文字どおり「大水」なのである。

中国語の「湖」は「大水」で、和語の「うみ」は「大水」ではないとすれば、和語の「うみ」はいったいどういう意味であろうか？

筆者の考えでは、「うみ」の「う」は「うら」(裏) の「う」である。「うら」の「う」は「物の裏」という意味を持っており、日本人が大好きな「うに」(海胆) はその「生き証人」である。「うに」というと、ほとんどの人は食卓に上がった「うに」を連想し、非常に柔らかい身だと認識しているだろう。しかし、海の中で見た「うに」は決してそうではない。海の中の「うに」の表面には、非常に硬い殻で覆われており食卓に上がった柔らかい身はその裏にある。そして、「うに」の「に」はもともと「柔らかい」の意なので、硬い殻の裏にある柔らかい身という意味で、「うに」と呼ばれているわけである。この「うに」の「う」は「うみ」の「う」と通じていると筆者は考えるのである。

そして、このような「う」を前提にさらに追究してみると、「うみ」の「み」は果実を意味する「み」（実）であると結論づけられる。もちろん、「うみ」の「み」は山で採集したような木の実ではなく、「うらの実」、すなわち肉眼では見えず、海面の「裏」で泳いでいる魚を指していると考えられる。この「うらの実」を原義とした「うみ」は、山だけでなく、海にも食糧としての「実」を求めようとして、採集漁労の生活を開始した縄文人の姿を彷彿とさせるのである。

二

「あま」はもともと「天」を意味する。しかし、この「あま」には、また海の意味があり、海にもぐって貝や海藻を取る人は「あまびと」（「あま」はその略）と呼ばれている。すなわち、古代の日本人は海と天を同一視していたわけだが、その理由を考えると、意外に簡単である。日本列島のどこかの海岸に立って海の彼方をじっと眺めれば、海天一色の世界が見えるにちがいない。これが、日本人の海天同一視の理由である。

『古事記』には「天孫降臨」という神話があり、日本列島からの視線と、海の海天一色の彼方から人がやってくるという二つの要素が、この神話を支えている。海の彼方から人が船に乗ってやってきた情景を、日本列島側から眺めると、まるで「天孫」が天上から「降臨」したかのように見える。このことを、縄文時代から弥生時代への時代交替と結びつけて考えてみると、歴史の新たな一面にスポットが当てられることになる。事実、天孫である邇邇芸命《ににぎのみこと》は海天一色の海の彼方からやってきた弥生人であり、彼がやってきたのを見たのは縄文人であっただろう。海天同一視という日本人特有の考え方は、日本のこういう、海外の移民による時代交替の歴史を、非常にユニークに反映しているのである。

三

「わた」はまた海を表すことができ、「わたつみ」がその例証である。綿と腸も「わた」と発音する。すなわち、ある点で「海」「綿」「腸」の三者は共通しているのだが、その共通点はいったい何であろう？

日本国語大辞典第二版編集委員会編集『日本国語大辞典第二版』（小学館、2001年1月～2002年12月）によると、海の意の「わた」には、三つの語源説があり、「（1）船で渡るところから、ワカ（渡）の義」、「（2）ナタ（洋）の義」、「（3）腸のワタに通じ、ものの内容を表わす。水を海のハラワタに見立てたものか」という。また、大槻文彦氏は『大言海』（冨山房、1935年9月）の中で、海の意の「わた」を「渡る」と解釈していると同時に、また百済《くだら》語《ご》のホタイ、朝鮮語のパタとの関連性を指摘している。「なた」の「た」、「わた」の「た」、「ほたい」の「た」、そして、「ぱた」の「た」、日本列島および朝鮮半島周辺では、海は古来「た」と呼ばれてきているようだが、この「た」はまた田圃の「た」とも通じるので、海も当然「た」の一種だと見ることができるのである。
　一方、海と綿と腸の間には、「やわらかい」という共通項が存在している。「わた」の「わ」はもともと「まがる、まげる」の意である。「やわらかい」という状態は、基本的に「まがる」状態、あるいは「まげる」状態であり、「やわらかい」の中の「わ」はまさにその意味を示しているのであろう。日本には「わだ」という名字があり、その当て字は「和田」であるが、筆者の考えでは、この名字は海を意味する「わた」に起源するものである。「わだ」は「わた」の音転である。「わだ」(和田) は文字通りに解釈すれば、「柔和な田」を意味するが、この「柔和な田」の原型はすなわち柔らかい海である。
　弥生時代以降、稲作は日本列島で普及し、田圃は日本人の思考の原点となった。そして、海は本当に田圃のように大量の魚を食材として提供できる。こうして、田圃を食料供給の原点と見なした日本人は自然に海を「わた」と呼ぶようになった。すなわち、「わた」は弥生時代以後に出来た呼称であり、発想的には「あま」や「うみ」と異なっているのである。
　要するに、日本人にとって、海は「うらの実」でもあり、「天」でもあり、「柔らかい田圃」でもある。これは、海が日本人の生活の中でいかに重要であるかを端的に示しているのである。

第一章

「邪馬臺」は「やまたい」と読まず

一

三世紀、日本列島に存在した「邪馬臺」国とその女王「卑弥呼」のことが、中国の正史『三国志・魏書・東夷伝』の倭人条（慣習では、これを『魏志倭人伝』という）によって記録されている。宗教的な支配を執り行う女王は神秘的だが、語源学の角度から見れば、その名前―「卑弥呼」はとりわけ興味深い。

日本の歴史小説家井沢元彦氏は、『逆説の日本史・１古代黎明編―封印された「倭」の謎―』（小学館、1993年10月）と題する著作の第三章でこう指摘している。

> おそらく、それは「日御子」か「日巫女」ではないか。
>
> つまり日（太陽）神に仕える女性ではなかったか。
>
> なぜ、そう推理するかというと、卑弥呼は、いや、この時代の日本人は鏡というものを非常に大切にした形跡があるからだ。
>
> 卑弥呼が銅鏡百枚を魏の国から贈られたことは、「魏志倭人伝」にも書かれている。また、古代の墓や古墳には、鏡が重要な副葬品となっている。
>
> そもそも鏡とは何か。それは丸くてキラキラ光る貴いもの―太陽の象徴なのである。

日本人の太陽神信仰と結びつけ、「卑弥呼」を一音ずつ分解してみると、その本来の意味がはっきりと見えてくる。「ひみこ」の「ひ」は確かに太陽を意味する「日」であろう。「み」は「みづ」の「み」である。そして、「みづ」の「み」は神聖な物で、陰性に属するから、女神あるいはそれに近い派生義を有している。「こ」は小物の意であるが、人間に用いられる場合は「子」となる。こうして確認してみると、「卑弥呼」はもともと太陽神に仕え、時には神懸かりになって太陽神の指示を伝達する巫女にすぎず、決して最高の統治権を持つ王ではなかった。したがってこの意味では、井沢氏の、「卑弥呼」は「日巫女」であるという指摘は、「卑弥呼」の本質を認識する上で画期的な意義を持っているといえよう。

二

今日、日本人は一般的に「卑弥呼」の国「邪馬臺」を「やまたい」と読んでいる。しかし、筆者の考えでは、「やまたい」という読み方は正しくない。

三世紀、中国の使者は朝鮮半島の帯方郡《たいほうぐん》から「邪馬臺」国を視察に行ったが、考えてみれば、彼らが当時「邪馬臺」国の人に「あなたたちは何という部族か」と聞いた時、「邪馬臺」国の人は和語で彼らの質問に答えたにちがいあるまい。そして、「邪馬臺」国の人が言ったその和語が「邪馬臺」と彼らの耳に聞こえた。すなわち、「邪馬臺」は、「邪馬臺」国の人が言ったその和語の漢字による当て字なのである。

漢字の発音はよく時代とともに変化する。李珍華・周長楫編撰『漢字古今音表（修訂本)』（中華書局、1999年1月）によれば、「邪馬臺」は秦漢までの上古時代では「λia mea də」、隋唐の中古時代では「jia ma dɒi」、宋元明清の近世・近代では「iɛ mua thai」、そして、現代では「ie ma thai」という。それぞれの時代において、「邪馬臺」の発音は異なっていたというわけであるが、「邪馬臺」国が存在した三世紀、その発音は実際「λia mea də」であった。すなわち、当時、「邪馬臺」を視察した中国使者の耳に入ったのは「λia mea də」、あるいはそれに近い和語の発音であったのだ。

「λia」と「mea」は一応和語の「や」と「ま」に相当する。しかし、「də」はいったい和語のどの発音に相当するのだろうか？もちろん、和語には、「də」という発音がない。しかし、この「də」に近い発音があり、「と」あるいは「ど」がそれである。聞き慣れない音を聞く時の耳の誤差を考慮に入れて考えると、「λia mea də」は事実和語の「やまと」を表音しており、「邪馬臺」はすなわち「やまと」の漢字による当て字であるということが明らかになる。

> 〔耶馬台・邪馬台・野馬台〕後漢書倭伝・魏志倭人伝等の他、シナの書に用いた「やまと」の称。これらの「台」は「臺」とひとしく、乙類の音（と）を表わす文字であること、神代記上（一書）の訓注に「興台産霊《こごとむすひ》、此云許語等武須毗《これをばこごとむすひといふ》。」とあるに徴しても明らかである。従来、「ヤバタイ」「ジャバタイ」「ヤマタイ」などと、日本人が読みならわして来たのは、明らかに誤訓である。

これは『上代語辞典』（明治書院、1967年7月）の著者丸山林平氏の意見である。彼は万葉仮名の甲類乙類から「邪馬台」（「邪馬臺」）の発音について追究し、「邪馬台」を「やまたい」と読むのは「明らかに誤訓である」と指摘している。漢語上代音の考察から得た私の結論と万葉仮名の甲類乙類の考察から得た彼の結論は全く同様であるというわけだが、要するに、「邪馬臺」によって表音されている和語は「やまと」にちがいなく、この「やまと」は、すなわち当時の日本人の自称なのである。

三

「やまと」という日本人の自称はいったいどういう意味で、日本人のどんなアイデンティティーを含んでいるのだろうか？

「やまと」は、「山跡」「山門」「倭」「大和」「日本」など数多くの当て字を持っている。しかし、これらの当て字はいずれも「やまと」の文字通りの意味を表していない。筆者の考えでは、「やまと」は「やまひと」の省略。「やま」は「山」の意、「と」は「ひと」の約音である。

大昔、九州鹿児島一帯では、「やまと」とは別の部族が生活しており、彼らは「はやひと」と呼ばれていた。そして、のちに「はやひと」は「はやと」に省略されたのであった。

八世紀中葉に成立した『万葉集』第二巻には、次のような和歌が載っている。

　東人の　荷前の箱の　荷の緒にも　妹は心に
　乗りにけるかも

佐竹昭広・木下正俊・小島憲之共著『万葉集訳文篇』(塙書房、1972年3月)によると、第一句の「東人」は「あづまと」と読み、「あづまひと」とは読まないという。しかし、「あづまと」が「あづまひと」の省略であることは、明々白々である。

『万葉集』第三巻にも、似た和歌が見られる。

家ならば　妹が手まかむ　草枕　旅に臥やせる
この旅人あはれ

最終句の「旅人」の発音は注意すべきである。前掲の『万葉集訳文篇』によると、ここの「旅人」は「たびびと」と読まず、「たびと」と読むという。すなわち、「たびびと」はここで「たびと」に省略されたのである。

そのほかに、和語の世界では、「すけびと」が省略されて「すけっと」(助っ人)となり、「ぬすびと」が省略されて「ぬすっと」(盗人)となり、「かりびと」が約音されて「かりゅうど」(狩人)となっている。単語第三音の「ひ」がよく省略されているのである。

青森県のねぶた祭りは、盛大な踊りを伴うが、それら踊る人たちは「はねと」(跳人)と呼ばれる。そして、この「はねと」は「たびびと」同様、「はねびと」の省略であろう。

荒正人という広く知られる夏目漱石研究家がいたが、彼の名前の中の「正人」は、本来「まさひと」という発音であろう。しかし、実際は「ひ」が省略され、彼の名前は「あらまさと」という。言うまでもなく、この省略は古代からの伝統によるものなのである。

以上の事例からも明らかなように、古代の日本では、ある民族あるいは一種の特別な人間を指す場合の「ひと」は、よく「と」と省略されていた。こうして見ると、「やまひと」が三世紀に「やまと」と省略された可能性は充分にあったと考えられる。ここから「やまと」は「やまひと」の省略であり、「やまと」の原義は「山人」であると言える。言い換えれば、「邪馬臺」は本来「山人」を意味しているのである。

実際、「邪馬臺」国の人々が自分自身のことを「山人」と自覚していたことは、ほかの史料からも確認できる。

『魏志倭人伝』の第一文は、「倭人は帯方東南の大海の中に在り、山島に依りて国邑を為す」である。すなわち、「邪馬臺」国は「山島」の中にあると証言されているわけである。国が「山島」にある以上、その国民は自然に「山人」という自覚を持つようになったのであろう。

『万葉集』第一巻には、舒明天皇が香具山《かぐやま》に登り、国全体を眺める時に作った「御製歌《おほみうた》」が収められている。

大和には　群山あれど　とりよろふ　天の香具山　登り立ち　国見をすれば　国原は　煙立ち立つ　海原は　かまめ立ち立つ　うまし国そ　あきづ島　大和の国は

この「御製歌」はわれわれに、「大和」、すなわち「やまと」が「群山」に囲まれていることを教えてくれている。もちろん、舒明天皇が詠った「やまと」（大和）と「邪馬臺」と当てられた「やまと」は同じ場所であるかどうかについては、「やまたい」国が近畿にあったのか、それとも九州にあったのかという長年の論争と密接にかかわっており、まだ議論する余地があると思う。しかし、『隋書・東夷列伝・倭国』における「其の地勢は東高西下、邪靡堆に都す。則ち魏志の所謂邪馬臺なる者なり」という説明から判断すれば、「やまと」はやはり最初から近畿にあり、「邪馬臺」も「邪靡堆」も「大和」も、みな同じ「やまと」を指していた。言い換えれば、「やまたい」という発音を持つ古代国家はそもそも存在していなかった。こうしてみると、舒明天皇のこの「御製歌」は日本側の史料としては価値が相当高く、その内容は中国側の『魏志倭人伝』と一致しており、「邪馬臺」から「大和」までの五〇〇年間、「やまと」はずっと山国だと認識されていたのである。

要するに、「やまと」の語義から言っても、「やまと」の山々に囲まれている地理的環境から言っても、「やまと」は本来「山人」の意であると結論付けられるのである。

四

「ひみこ」の「ひ」は太陽を意味する「日」である。それでは、「やまひと」の「ひと」の「ひ」も、「日」であろうか？

前掲の『日本語語源辞典』(現代出版、1984年7月）によると、「ひと」は「霊和」と書くという。

> ヒは霊能、トの乙類は和＝適合調和、トトノフのトも乙類である。ヒトとはすぐれた能力を具備してまとまった者の義であろう。

原則的には、筆者はこの解釈に賛成である。ただ筆者の考えでは、「ひと」は「日止」と表記した方がより妥当である。

日本人にとって、太陽は神様だから、「ひ」は当然「霊力」を持っている。したがってこの意味では、「ひ」は「霊」と表記しても意味的には正しい。ただ「霊」は最も根元的な太陽を意味できないから、やはり「日」と表記した方が妥当である。

「と」は「適合調和」のほかに、また「止まる」や「所・処」の意味がある。筆者の考えでは、「ひと」の「と」は「止まる」の意味を取るべきで、日の止まる所が「ひと」であると理解すべきである。言い換えれば、「ひと」は「日」が「止まる」所なのである。

太陽と人の誕生が密接に関わっていることについて、漢語による傍証が可能である。漢語の話し言葉では、人の性交は「㚻」と表記されており、「日」そのものが性交の意味で使われる場合もある。民俗学の角度から見れば、性交は「日」を「入れる」ことである。いったん「日」が入ると、人が生まれるということになる。だから、人は「日が止まっている所」と見られるわけである。和語の「ひと」も漢語の「㚻」も造語原理の次元でこの意味を示しているのである。

「㚻」はもともと俗字であり、『金瓶梅』など明清時代の通俗小説に多用されている。もちろん、明清時代の漢字でもって、中国人が上古より「日が入って人が生まれる」という考え方を持っていることを証明することは適当ではない。しかし、この「㚻」が俗字であるからこそ、われわれはかえって、「日が入って人が生まれる」という考え方は民俗信仰として非常に古く、もしかすると太古よりずっとあるのではないかと考えられるのである。

五

『魏志倭人伝』を読むと、「ひみこ」の「邪馬臺」国と同時に存在した「對馬《つしま》」国と「一支《いき》」国の国王は、いずれも「卑狗」、すなわち「ひこ」と呼ばれている。「ひみこ」の意味から類推すれば、「ひこ」の原義は「日子」、太陽の息子であるにちがいない。男性の国王は「ひこ」、女性の国王は「ひみこ」と呼ばれていたわけである。

今日の日本でも、「ひこ」は男性の美称としてよく名前に入れられている。第一節にあげた歴史小説家井沢元彦の名前がその証拠である。

漢字「彦」の構造は注意すべきである。上部の「文」は「文身《ぶんしん》」、すなわち「体を彩り、あるいは入れ墨する」の意味である。下部の「厂」は「きりぎし」(切岸・断崖) の意味であり、「彡」は「彩り」の意味である。「きりぎし」から取った鉱物の顔料で体を彩り、あるいは入れ墨すると、男は外見的に美しくなるので、「彦」は「美男子」を意味するということになるが、要するに、漢字の「彦」は外見的な立派さを指しているのである。

しかし一方、和語の「ひこ」は「太陽の子」を意味し、本質的にはトーテム的な立派さを指している。したがって、男性の美称としては、「ひこ」と「彦」は共通しているが、それぞれが基づいた発想は全く異なっているのである。

「ひこ」の反対語は「ひめ」である。「ひめ」の「め」は女性の意味であるが、しかし、もともと「め」は、なぜ「女性」を意味することができるのだろうか？

一般的には、「め」は「目」、「女」、「芽」という三つの当て字を持っている。「目」は「見る」の「み」から移り変わったもので、また「見る」の「み」は、「みづ」(水) の「み」に由来していると考えられる。「みづ」の「み」は「真純」の意、「づ」は「つつ」に通じ、「こもる」あるいは「こめる」を意味する。すなわち、「真純がこもっている」のが「みづ」の原義である。「真純」がこもっているからこそ、万物をありのままに映すことができるが、この意味では、「ひとみ」はまさに「みづ」と通じる。要するに、「みる」の「み」はすなわちこのような論理で「みづ」から借用してきたものなのである。

「め」はまた「女」の意味を持っているが、実は、この女性を意味する「め」も「みづ」の「み」に由来している。陰陽観念で分けると、水は陰に属し、女性も陰に属する。水と女性は全く同じ属性を持っているのである。

陰陽の観念は中国から伝わってきたものであり、中国側にも同じ考え方があるはずである。この角度から史料を捜すと、中国の古典小説『紅楼夢』第二回にある次のような言葉が典型的な意義を持ってくる。

> 女の子はみな水でできた身体、男はどれも泥でできた身体。女の子になら会っただけでわたしは気がはればれする。だのに男に会うと臭くて胸がむかつくのだ。(伊藤漱平訳『紅楼夢』平凡社、1969年1月)

ここには、「女の子はみな水でできた身体」であると語られている。もちろん、『紅楼夢』は清代中葉に書かれた小説である。しかし、女は水的な存在だという考え方自体は決して清代に現れたのではなく、陰陽の観念と同じく、少なくとも紀元前の戦国時代に確立し、老荘思想の経典『老子』の原理原則としてすでに用いられていたのであった。

水は陰に属し、また万物を誕生させる。この点では、女は全く共通している。したがって、「女」を意味する「め」はまた新しい命を意味する「芽」という派生義を持つようになった。そして、この派生義は動物の場合にも転用され、新しい命の「芽」を誕生させる動物は「めす」と呼ばれるようになったのであった。

「芽《め》」を生む「女《め》」はもともと非常に尊敬される存在であった。だから、「ひめ」という言葉は女性の美称となったわけである。しかし、人類社会が男尊女卑の段階に入り、女性が蔑視されるようになると、「め」という言葉も軽蔑の意味を持つようになった。「あいつめ」「この野郎め」の「め」は、すなわち女性蔑視の「め」から造られた接尾辞である。

本質的に言えば、女性を蔑視することは、すなわち女性が代表する清純性と生産性を否定することである。現代のわれわれは「あいつめ」「この野郎め」と叫んでいるうちに、われわれ自身が次第に破壊ないし破滅へと突き進んでいることを自覚しなければならないのであろう。

六

「やまと」の「やま」が「山」だとすれば、この「やま」はもともとどういう意味であろうか？

堀井令以知氏は『語源大辞典』（東京堂、1988年9月）でこう述べている。

ヤマを不動の意のヤマ（止む）からとして、ヤは彌の意で盛んなさまと説くなど、語源説は多い。しかし、ヤマの語を分析して、さまざまに憶測することは危ない態度である。かつての命名意識が失われて、どのような語源研究も断念させてしまうほど、分析不能の符号となってしまった。

「やま」の語源はもう分からないと堀井令以知氏は諦めている。しかし、筆者は「やま」の語源はまだ探求可能だと考えている。たとえ「かつての命名意識が失われ」たとしても、日本語の同音関係からはまだ推察することが可能であろう。

名詞としての「や」は、「矢」「屋」「八」の三つの意味を持っている。そして、この三つの字が代表した実物をよく連想してみると、それらはいずれも尖って立っている三角形を含んでいるということが分かる。すなわち、「や」はもともと、上に向かって立つ三角形を意味すると理解できるのである。

「やま」の「や」が三角形だとすれば、その「ま」は空間を意味するにちがいない。「あま」(天や海)、「さま」(様)、「しま」(島)、「たま」(玉)、「はま」(浜)などがその例である。したがってこの意味から言えば、「やま」はもともと「直立した三角空間」を意味しているのである。

実際、和語のこの「やま」は、イメージの点で漢字の「山」と共通している。漢字の「山」は山々をかたどった形で、三つの、上に向かって立つ三角形がその中に含まれている。造語原理の次元では、「やま」と「山」は全く共通しているのである。

どちらかといえば、和語は表音語系に属する。しかし、その音はやはりイメージと密接にかかわっているのである。

第二章

「いね」は苗族語

一

和語では、稲のことを「いね」という。前掲の『日本国語大辞典第二版』によると、これまで「いね」の語源説がすでに九説提出されているという。しかし、それらはいずれも稲がもともと和語であるという前提で問題を考えているので、もしこの前提が成り立たなければ、後のすべてが崩れてしまう。

日本は稲の原産地ではない。したがって、「いね」は日本固有の語である可能性が非常に小さい。有名な語源学者堀井令以知氏は前掲の『語源大辞典』のイネの条で「イヒネ」(飯寝)、「命の根」を取り上げた上で、「語源説は多いが信頼できるものはない」と述べており、筆者はこれに全く同感である。日本固有の単語に「いね」の語源を探し出すことは全く不可能であろう。

二

日本最古の神話集『古事記』には、「天孫降臨」という有名な神話があり、太陽神天照大神の孫邇邇芸命が「高天原《たかまのはら》」から宮崎県の「高千穂峰《たかちほのみね》」に降臨したということが記されている。日本の碩学《せきがく》中西進氏はその著作『神話力—日本神話を創造するもの—』(桜風社、1991年10月) の第二章第八節でこう指摘している。

天孫が葦原中国に降臨した。これは、太陽の子孫が日本にやって来たことを意味する。だから、その子孫は、太陽を故郷としているといえる。高天原という太陽の棲む世界を故郷として、日本という遠い遠い辺鄙な国へ降りてきた。原郷から放たれた人間、原郷から遠く流浪した人間は、当然原郷を思慕する。こういうモチーフが濃厚にある。

中西氏の意見は正しい。本質的には、「降臨」は文明の中心地から辺境への移動を意味し、邇邇芸命はすなわち「高天原」という文明の中心地から、当時の日本人にとってはまだ珍しい稲作を、日本という文明の辺境に伝えてきた神的な人物なのである。

稲の起源について、二十数年前までは「雲南・アッサム説」が定説となっていた。しかし、90年代以降、「雲南・アッサム説」が完全に覆された。1973年から78年にかけて、長江下流域の浙江省《せっこうしょう》余姚県《よようけん》の河姆渡遺跡《かぼといせき》に対する考古学的調査が行われたが、その結果、今から七〇〇〇年前の稲の実物が見つかった。それは「雲南・アッサム」の古稲より二〇〇〇年ほど遡る時代のものだった。1993年から95年にかけて、また長江下流域と中流域の境目に位置する江西省万年県仙人洞遺跡《こうせいしょうまんねんけんせんにんどういせき》・吊桶環遺跡《ちょうとうかんいせき》および長江中流域に位置する湖南省道県の玉蟾岩遺跡《ぎょくせんがんいせき》に対する考古学的調査が行われ、その結果として、一万二〇〇〇〜一万四〇〇〇年前の稲作の痕跡が見つかり、長江中流域こそ稲作の起源であるということがとうとう証明された。そして、この事実と同時に、稲作伝播のルーツもほぼ明らかになった。一万四〇〇〇年前から七〇〇〇年ほど経つと、稲作は長江中流域から長江下流域に伝わり、九〇〇〇年ほど経つと、長江上流域にも伝わった。また、ほぼ同じ時間をかけて湖南省の湘江に沿って南方の広西、広東へと伝わっていって、今から六〇〇〇年前には、広西チワン族自治区桂林一帯にまで達したのであった。そして、今から四〇〇〇年～五〇〇〇年前には、稲作はすでに中国の東南部のほぼ全域に広がり、山東半島でも稲が栽培されていたのであった。

地理的には、日本は一衣帯水の海を隔てて長江下流域や朝鮮半島とつながっている。したがって、稲作の日本への伝播は、中国大陸東南部における伝播の延長と考えられ、その上限はやはり、今から四〇〇〇年～五〇〇〇年前の間に設定すべきである。日本の学者SHUICHI TOYAMA（外山秀一）氏はその論文《The Origin and Spread of Rice Cultivation as Seen from Rice Remains》（《The Origins of Pottery and Agriculture》Edited by YOSHINORI YASUDA, Lustre Press, Roli Books, 2003）の中でこう指摘している。

> In the Jomon period, it is thought that there were waves of migration from various areas such as the coasts of the East China Sea and the Yellow Sea, as well as from the Jiangnan region, and that people carried rice with them. The rice crossbred naturally with rice plants in the new areas and was cultivated by the settlers(Toyama,1999). Looking at the timing of the spread of rice cultivation to the Korean peninsula and the Japanese archipelago, we must start focusing on the period of 4000 to 5000 yrs. BP, when rice was expanding throughout China, and when the first traces of rice were detected in Japan. (Chapter 18)

SHUICHI TOYAMA氏が指摘しているが、日本の最も古い稲作の遺跡は今から四〇〇〇年〜五〇〇〇年前のものであり、これはちょうど稲作が中国大陸で広がっていた時期と一致している。稲作がいつ日本に伝わってきたかという問題については、筆者はまったくSHUICHI TOYAMA氏の意見に賛成である。

三

苗族《ミャオぞく》は長江中流域の原住民である。中国では、長江中流域は「楚《そ》」と呼ばれるので、北方の華夏族は彼らを「楚蛮《そまん》」と呼んでいた。長江中流域は稲の原産地である以上、そこの原住民である苗族は、当然のことながら稲作の最初の担い手である。

実際、苗族と稲作との悠久にして且つ緊密な関係は、今日でもはっきりと見て取れる。2000年11月26日から12月2日まで、筆者は日本人学者四人と一緒に中国広西チワン族自治区融水苗族自治《ゆうすいミャオぞくじち》県安太郷林洞村培科屯《けんあんたいきょうりんどうそんばいかとん》に行って民族調査をおこなった。苗族は言葉は持っているが文字は持っておらず、自分たちの歴史はすべて一代また一代の口承に頼っている。培科屯の苗族の長老の話では、この苗族村には世帯が一〇〇余り、一二〇〇人がいて、すべての人は「何《か》」という名字である。彼らの先祖はもともと長江中流域の漢口付近に住んでいたが、のちに貴州に移住していった。そして、二〇〇年前、また貴州からここに移住してきた。培科屯は山奥の奥に位置し、気温が低く、日照時間も短い。地理的条件からいえば、まったく稲作には適していない。それにもかかわらず、彼らは今日でも祖業を守り続け、痩せた山の斜面で生産高の低い稲を栽培している。そして、秋、稲を収穫した後、田圃のまんなかに蘆笙柱《ろしょうばしら》（蘆笙という楽器を吹きながら円舞する円陣の中央に立つ祭祀ばしら）を立て、

「蘆笙節」という祭りを行うのである。

「蘆笙節」は苗族の最大の祭りである。昔、苗族の年末、つまり旧暦十月に行われていたが、近年、漢民族の影響を受けて、漢民族の旧正月に合わせて行われるようになった。「蘆笙節」の時、苗族の若い男女たちが蘆笙柱を囲んで踊りをする。男性は蘆笙を吹きながら内の輪を踊り、女性は百鳥衣（数多くの鳥の羽毛を襟元や肩や裾に取り付けて飾る神聖な盛装）を着て、水牛の角の形をした銀冠をかぶって外の輪を踊る。蘆笙柱の中部には必ず水牛の角がつけられており、蘆笙柱の頂には鶏あるいは太陽を象徴する模型が取り付けられている。苗族の話では、彼らの祖先は祭りの時、この蘆笙柱に沿って天上から降りてくるという。水牛と太陽は稲作と密接にかかわるものであり、それらの助けがなければ、稲作の豊作はとうてい望めない。したがって、この意味では、「蘆笙節」は稲作の豊作を祝う祭りであると同時に、水牛と太陽への感謝祭でもある。この祭りは無言の言で、苗族の稲栽培の悠久の歴史を今日のわれわれに語っているのである。

苗族の人々はまた十二年おきに、「鼓社節《こしゃせつ》」を行っている。この「鼓社節」は苗族の神話上の生みの親である胡蝶母《こちょうぼ》を祭り上げる祭りである。胡蝶母が楓の木から生まれ、亡くなった後にまた楓の木に帰ったとされたので、楓の木と水牛の皮で作った太鼓を引っ張ったり、叩いたりするのが祭りのメインとなるが、しかし、「鼓社節」がまた「吃牯臓《きつこぞう》」あるいは「吃鼓臓《きつこぞう》」という別名を持っていることからも明らかなように、この祭りはもともと水牛祭りまたは稲祭りの本質を持っているのである。

「鼓社節」の十二年という間隔について、鈴木正崇氏と金丸良子氏は共著『西南中国の小数民族貴州省苗族民俗誌』（古今書院、1985

年5月）の第五章第一節でこう指摘している。

木鼓の長さは六尺、直径は一尺二寸といったように、一二の数を意識してつくる。これは太古に苗族が揚子江流域よりこの地へ移動して、一二の集団に分かれたが、元よりそれらは同根であるという意識を表すのである。一二という数字は胡蝶媽媽《こちょうまま》の生んだ卵の数、かつて世界にあった太陽の数、銅鼓の紋様の角数であり、苗族に好まれている。「鼓社節」も一三年目（数え方は奇数を好む）であるが、十二支に基づいており、吃新節《きっしんせつ》の祭日の七月一三日、苗年の一〇月一三日という数字にもこれと共通する考えが見受けられる。

「鼓社節」の十二年という間隔は苗族の神話伝説上「胡蝶媽媽」(胡蝶母)の生んだ十二個の卵や十二個の太陽の「十二」に基づいているが、同時に、また苗族が長江中流域から貴州へ移動した時の十二の集団数とも密接にかかわっており、彼らはもともと同根であることを伝達しているのではないかと考えられる。筆者が調査した広西チワン族自治区融水苗族自治県のあの苗族村は、二〇〇年ほど前に貴州から移住してきたとのことであるが、彼らの先祖がもともと漢口あたりに住んでいたということから判断すれば、彼らはこの十二集団の中の一集団の一分団にちがいない。こういうわけで、彼らは現在稲作に適していない山の奥に住んでいるとはいえ、やはり祖業である稲作農業にこだわっており、祭りは必ず田圃で行い、祭りに用いる牛角は必ず稲作用の水牛の角で、畑用の黄牛の角は決して用いられないのである。

四

2000年11月、中国広西チワン族自治区融水苗族自治県安太郷林洞村培科屯で行った民族調査によってわかったことだが、苗族語では、稲のことを「nnei」という。苗族の長老の口から、「nnei」という発音が出たとき、筆者は、彼はまさか日本語を話しているのではないかと驚きを禁じ得なかった。「nnei」の最初の「n」は発語にすぎず、この発音の実質は「nei」である。日本語で表せば、「ね」であろう。この「ね」はすなわち和語「いね」の古形だと考えられるが、音転の角度から言うと、「ね」から「いね」への変化過程には、発語の「ん」が作用しているように思われる。「ん」はまず「に」に変わり、その後、「に」はさらに「い」へと変わる可能性がある。すなわち、発音の利便性から、「んね」はまず「にね」に移り変わった。それから、「にね」はさらに発音しやすい方向へと変化し、舌先が前口蓋を離れると、「いね」になったのであろう。

清水秀晃氏は前掲の『日本語語源辞典』の「いね」の項で、「いね」の「い」についてこう述べている。

忌み、けがれの観念は古代では生活・生命とともにあった。常に清浄潔斎を意図し、神意をおもんばかり、同族の名誉を重んじた。イ音を鳥瞰すれば、そういう古代の心が明らかに浮かんで来る。忌み＝すなわち生活・生命という観念は、その後の日本的な心情の緒である。それはもっとも弥生農耕的であって、それ以前の狩猟によって生きた縄文のものではない。イ音を全体的に見ると、日本語の原形が、農耕初期の、しかも最も神とともに歩んだ時代の産物であることが、一と目でわかる。そういう重要な内容をもつものがイ音である。特に稲という言葉は、生命のもと＝「生根」であるとともに、「忌根」であり、清浄潔斎な生活をまかなう根幹的なものであった、という一例をあげて、イ音のもつ意義を強調しておこう。

「いね」の「い」は神聖の意だという意見であり、筆者はまったく賛成である。この神聖を意味する「い」はある名詞の前に付くと、接頭語となり、その名詞に神聖な意味を与えることになるが、実際、「いね」の「い」はすなわちこのような接頭語である。そして、「い」という接頭語はどのように生まれたかというと、筆者は苗族語「んね」の「ん」から変わってきたものだと考える。「ん」という発語は、後ろの「ね」を強調する役割を持っているが、この役割分担の角度からみると、「いね」の「い」は全く「ん」と同じである。そして、前述した音転関係と結びつけてみれば、「い」の原形は本当に「ん」であるかもしれない。

要するに、「んね」と「いね」の間には本質的なつながりがあり、この変化の背景には、苗族をはじめ、長江流域の稲作民の日本列島への移住があったにちがいない。

中国の民族移動は、北中国の黄河文明と南中国の長江文明の「南北対立構造」から考えれば、一番分かりやすい。華夏族はもともと黄河中流域に生活していた民族であり、長江中流域の苗族とは何の交渉もなかった。しかし、『史記・楚世家』によると、今から三〇〇〇年ほど前の周の成王の時、周の文王の世代からずっと周王室に仕えていた熊氏の熊繹《ゆうえき》が「楚蛮」の地に封ぜられ、それによって、華夏族と苗族との交渉が本格的に始まった。熊氏の本来の名字は「芈《び》」であり、羊の鳴き声を意味する。すなわち、熊氏はもともと北方の羊文化圏の出身であった。しかし六世代後、熊氏は完全に苗族の文化にとけ込み、苗族の協力を得て他国を征伐して楚国を建てた。周の夷王《いおう》に対する熊渠《ゆうきょ》の宣言「我蛮夷なり。中国の号謚《ごうし》に与せず」は、まさにその象徴である。そしてそれから六〇〇年間、秦の始皇帝が全国を統一するまで、楚国はずっと強国であり続けた。

『史記・秦本紀』によると、秦の昭襄王《しょうじょうおう》27～29年の三年間（紀元前280年～278年)、秦国は楚国に対して総攻撃をかけたという。

二十七年、錯《さく》、楚を攻む。罪人を赦して之を南陽に遷す。(中略) 又、司馬錯をして隴西《りょうせい》を發し、蜀《しょく》に因りて、楚の黔《けん》中を攻めしめて之を抜く。二十八年、大良造白起《だいりょうぞうはくき》、楚を攻め、鄢《えん》・鄧を取る。罪人を赦して之を遷す。二十九年、大良造白起、楚を攻め、郢《えい》を取り、南郡と為す。楚王走る。（吉田賢抗著『新釈漢文大系第38巻・史記（一)』明治書院、1973年2月）

以上の引用で特に注意してもらいたいのは、秦の大将司馬錯と白起は楚の主要都市ないし都を攻め落とした後、秦国の罪人を赦免してそこに移住させたということと、秦の勢力がすでに長江中流域を超えて、「黔中」、すなわち現在の貴州の中部に達していたことである。また、『史記・秦始皇本紀』には、

二十三年、秦王、復た王翦《おうせん》を召し、彊《し》ひて之を起たしめ、將として荊を撃たしむ。陳より以南平輿《へいよ》に至るまでを取り、荊王を虜にす。秦王、游びて郢・陳に至る。荊の將項燕《こうえん》、昌平君《しょうへいくん》を立てて荊王と為し、秦に淮南《わいなん》に反す。

二十四年、王翦・蒙武、荊を攻め、荊の軍を破る。昌平君

死す。項燕、遂に自殺す。

二十五年、大いに兵を興し、王賁《おうほん》をして將として燕の遼東を攻めしむ。燕王喜を得たり。還りて代を攻め、代王嘉を虜にす。王翦、遂に荊の江南の地を定め、越の君を降す。會稽郡《かいけいぐん》を置く。五月、天下大いに酺《ほ》す。(同前)

とあるが、この引用からも明らかなように、秦の嬴政《えいせい》が王様になって二十三年目に、ついに長江中流域を占領し、二十四年目についに楚国を滅ぼし、二十五年目にまた越国を滅ぼして、長江下流域をも掌握して全国統一を成し遂げたのである。漢代に入ると、北方漢民族の南方進出がさらに加速され、『史記・高祖本紀』によると、劉《りゅう》邦《ほう》は皇帝になった後、ただちに長江中流域を封地として分け、劉賈《りゅうか》を荊王に、劉交《りゅうこう》を楚王に、呉芮《ごぜい》を長沙王《ちょうさおう》に封じて支配させた。苗族の伝承によると、苗族が古里の長江中流域から追い出されて貴州へと移住した時期は「秦漢以降」となっているが、以上の史実と合わせて判断すれば、彼らの伝承が伝えているのは、まちがいなく秦の昭襄王の代から秦の始皇帝の代を経て漢の劉邦の代までの出来事なのである。

秦王の嬴政が長江中流域を占領した後、楚の大将項燕は長江下流域の淮南に逃げ、昌平君を立てて引き続き秦に抵抗していた。その前後、苗族の貴族の一部も長江中流域から下流域へと逃げ込んだことは、容易に想像できる。しかし一年後、楚国のこの最後の抵抗も失敗に終わった。その時、昌平君は戦死し、項燕も自殺したので、彼らの周りに集まった苗族の貴族は復興の希望を失い、仕方なく海に出て、二度と帰らない選択をしたであろう。そしてさらに一年経つと、越国も滅び、越国の貴族の一部も海に出て、新しい世界を求めていった。その後、秦国は越国を「會稽郡」と改め、越族の帰路を断ったのであった。

しかし、それでも、秦の始皇帝はまだ安心できず、十二年後、彼はまたみずから越地方を巡視し、さらなる移民分散策を実施した。越族の歴史を記録する『越絶書』巻八には、次のような記述がある。

> 政は号を更めて秦の始皇帝と為し、其の三十七年を以て東のかた会稽に遊す。(中略)正月甲戌を以て大越(現在の紹興《しょうこう》——筆者注)に到り、都亭に留舎す。(中略)是の時、大越の民を徙して余杭《よこう》、伊攻《いこう》、口故鄣《こしょう》に置く。因りて天下の罪適ある吏民を徙して、海南の故大越の処に置き、以て東海の外越を備う。乃ち大越を更名して山陰と曰う。

秦の始皇帝は中国を統一した後も越族に警戒心を持っていたために越地方で強制的な移民分散策を実施したのだが、彼がなぜそれほど越族に警戒心を持っていたかということについては、引用中の「以て東海の外越を備う」という記述が非常に示唆的である。東海、すなわち東シナ海を間に置き、こちら側、すなわち長江下流域に住んでいる越族は「内越」と呼ばれており、向こう側、すなわち日本列島に住んでいる越族は「外越」と呼ばれていた。「内越」の二二〇〇年前の大量逃亡まで、日本列島には「外越」が本当に住んでいたかどうか、疑問を持つ方がたくさんいるだろうと思うが、筆者は当時の日本列島にはすでに「外越」が住んでいたと考える。「越前」「越中」「越後」が、彼らが集中的に住んでいた地域であったのだ。「越前」の白山信仰、「越中」の立山信仰および「越後」の翡翠《ひすい》信仰は文化的古層において長江流域と密接にかかわっていると思うが、この点については、稿を改めて論じたい。

東シナ海を隔てて會稽郡の向こう側に位置した日本列島には、「外越」が住んでいる以上、苗族や越族の逃亡者たちは当然そこを目指して海の向こう側へと船を漕いでいったのだが、黒潮の関係で彼らの多くがたどりついたのは、北九州の沿岸部、有明海の沿岸部および宮崎県の沿岸部であった。すなわち、日本の九州は苗族や越族の移民たちが求めた新しい世界の入り口となったのである。日本の歴史学者寺沢薫氏はその著作『王権誕生』（講談社、2000年12月）の第四章で、考古学的調査の成果を踏まえてこう指摘している。

北九州では小共同体の抗争激化によって、前三世紀末には早くもクニのまとまりが生まれ、階級的に成長した首長を誕生させた。これこそが、対外的な権力を異質なクニに向けて発動する「国家」であり、征服と統合のための戦争はますます熾烈をきわめ、玄海灘沿岸のクニのいくつかは「国」へと発展した。前二世紀の段階で、北九州ではすでに、国—クニ—小共同体、という重層的な階級関係ができあがったのである。

これは、北九州の玄海灘沿岸に現れた「ナ国」や「イト国」についての論述であるが、ここでとくに注意しておきたいのは、この国々の現れた時期である。前三世紀末から前二世紀まで、この時期はちょうど苗族と越族の貴族たちの逃亡時間と重なっている。前三世紀末から玄海灘沿岸の自然村的なまとまりが急に階級化し、王様が誕生し、国家が現れたのは、やはり大陸の越地方から逃亡してきた人々の身分観念や国家意識と密接にかかわっているのであろう。

そして、「ナ国」と「イト国」が存在した玄海灘沿岸は、紀元前日本列島の稲作発信地と青銅器、鉄器のテクノポリスであり、そこから、稲作と青銅器や鉄器が徐々に日本全体へと広がったという事実から考えても、「ナ国」や「イト国」と大陸の越地方からの逃亡者たちとの関係を重視せざるを得なくなる。苗族は稲作の最初の担い手であり、越族はとくに青銅器や鉄器の鋳造で名を知られていた。したがって、稲作発信地と青銅器、鉄器のテクノポリスとなった紀元前の玄海灘沿岸では、やはりそういう人たちが大いに活躍していたにちがいあるまい。

和語はアルタイ語系の言語だと言われている。しかし、和語の中には長江中下流域から伝わってきた言葉が相当多いということも、事実である。「むめ」(梅)と「むま」(馬)はいずれも越語であり、これは、学界ではすでに常識となっている。しかし、筆者は今、まだほとんど知られていない例証を一つ補足したい。すなわち、和語の「いね」も長江下流域から伝わってきた言葉であり、その語源は苗族の「nnei」なのである。

五

前節で触れたその「奴国」、すなわち「ナ国」は北九州の博多湾に位置し、古来、朝鮮半島や中国大陸との交流の窓口となっており、後漢の光武帝から「漢委奴国王」の金印を賜っていた。川添昭二・武末純一・岡藤良敬・西谷正浩・梶原良則・折田悦郎著『福岡県の歴史』(山川出版社、1997年12月)の第一章では、この「奴国」の歴史的背景についてこう紹介されている。

この金印をもらった王(金印奴国王とよぶ)よりも五〇年以

上前の紀元前一世紀末の王の墓が、奴国では春日市須玖岡本D地点、伊都国では前原市三雲南小路の1・2号の甕棺墓である。これらは、副葬品の主体が朝鮮系から中国系にかわる中期後半の時期で、三〇枚以上の前漢の銅鏡や天のシンボルである璧（ガラス製）をはじめ多くの副葬品をもつ。（中略）また、須玖岡本D地点も一辺二〇メートルを超す墓域をもつようで、その横にも二〇人ほどを一つの墳丘に葬った墳丘墓があり、王墓―墳丘墓―群集墓という序列と一致する。この序列は『後漢書』東夷伝に示される金印国王―大夫――般の人びとという序列と一致する。重要なのは、王墓でみられた鏡をはじめとする青銅器がこの墳丘墓ではいっさいない点で、王への権力の集中を裏づける。

この「奴国」が前漢時代から中国大陸と正式に交流していたというわけだが、しかし、この「奴国」の「奴」はなぜ一般的な「ど」と読まず、非一般的な「な」と読まれているのだろうか？この問題について、この『福岡県の歴史』では何も紹介されていないが、中国大陸との交流、とくに長江下流域との移民関係と結びつけて考えると、この「奴国」の「奴」の謎が自然に解けるのである。

念を押すまでもなく、「奴」は漢字による当て字であり、それが基づいたのは、当時の和語音である。まず「奴」という漢字が後漢時代にどう発音されていたかを確認してみよう。前掲の『漢字古今音表』によると、秦漢までの上古時代では、この「奴」は「na」と発音されており、隋唐までの中古時代では「nu」と発音されていたという。すなわち、上古時代の「奴」は「na」と発音されていたが、この「na」から逆に推測すると、この「奴」はそのまま和語の「な」

を表していると断定できるのである。

しかし、もともと「奴国」の人びとはなぜ自分の国を「なのくに」と呼んでいたのだろうか？前にも述べたが、苗族語では、稲のことを「ね」あるいは「んね」と言う。そして、「んね」の「ん」は発語であるので、実質的な発音としてそれを考慮しなくても、一向にかまわない。こうなると、場合によっては、「んね」は「ね」と認識されるわけで、また、この「ね」は和語では「な」と通じ、「いね」は場合によっては、「いな」あるいは「な」と読むことができる。『古事記』と『日本書紀』では、スサノオノミコトが「ねのくに」へ天降って大蛇を退治することが描かれている。

スサノオノミコトが高天原で罰せられた後に天降ったのは、「ねのくに」である。その位置は「いづものくにのひのかはかみ」であるが、この場所を支配したのは「こしのやまたのをろち」である。「こし」という地名について、武田祐吉氏は武田祐吉訳注・中村啓信補訂解説『新訂古事記』（角川文庫、1977年8月）の該当注釈で、「島根県内の地名説もあるが、北越地方の義とすべきである」と指摘している。すなわち、当時、出雲地方は前節で述べた「外越」が住んでいる北越の支配下に置かれていた。支配されていたので、毎年いけにえを要求されたわけだが、スサノオノミコトが天降った時、ちょうど「国つ神」の娘「くしなだひめ」が「こしのやまたのをろち」によって食われる直前であった。そこで、スサノオノミコトは「こしのやまたのをろち」を退治して「くしなだひめ」を娶って自分の国を建てたのだが、ここで注意しておきたいのは「くしなだひめ」という名前である。この名前が『日本書紀』では「くしいなだひめ」となっていることから、ここの「な」は「いな」の同義語であり、「いな」と同様稲を意味することができるということが証明されているのである。

「くしなだひめ」の国は「ねのくに」と呼ばれている。スサノオノミコトがそこに天降った時、そこはすでに稲作文明の時代に入っており、現地支配者の娘が「稲田姫」と名乗ったほどであった。そして、この「ねのくに」は七〇〇〇年の稲作の伝統を持つ「越」ともかかわっていた。稲作の国は「ねのくに」と呼ばれ、稲はまた「な」と呼ばれていた。この相関関係から推察すれば、「ねのくに」の「ね」も「な」と同様、稲を指しており、「ねのくに」はもともと「稲の国」を意味していると結論づけられるのである。

こうして確認してみると、北九州の「奴国」の「な」も稲を意味しているのではないかと考えられる。もしかすると、この「なのくに」と『古事記』『日本書紀』に記録された「ねのくに」との間には、また何らかの関係が存在しているかもしれない。もちろん、本論では、両者の関係を論じるつもりはなく、ただ北九州の「なのくに」の「な」が稲を意味していることだけを指摘したい。もしこの意見が正しければ、われわれは北九州の「なのくに」の民族性を確定することができる。すなわち、苗族語「ね」と和語「ね」「な」「いね」「いな」との相関関係から、北九州の「なのくに」はもともと長江下流域から移住してきた苗族の人びとによって創られた国家であった、と指摘できるのである。

第三章

「あね」と「あに」

一

和語では、物の下部にある細い状態のものを「ね」(根) といい、この意味の「ね」はすべて「ね」(稲) から転じたものだと考えられる。

「ね」は苗族語ではあるが、稲作文明が日本列島で展開していくにつれて、和語のなかでも語幹として非常に大きな造語力を発揮してきた。

「たね」という語は「ね」と深くかかわっている。「たね」は「田根」であろうと推測する人がいるが、そうではなく、「たね」の「た」は「て」と通じて手を意味し、「ね」は稲の「ね」である。すなわち、「手に持つ稲」が「たね」の原義であろう。今日、「たね」は植物の種子だと理解されているが、もともとは稲の苗を指していたと筆者は考える。

「しめなわ」の「なわ」も「ねわ」の音転である。「わ」は「まるくする、輪状にする」を意味する。稲の茎を以て綯《な》われた丸い縄だから、「ねわ」と呼ばれたわけだ。そして、発音上の利便性から、「ねわ」がまた「なわ」に変わったのだと考えられる。

要するに、「根」も「種」も、もともとは稲を指していたが、時間の推移にしたがって、植物の根や種、さらに物体の根底へと次第に「ね」の意味の一般化が行われてきた。しかし一方、「ね」自体もまた「稲」の意味を持ち続けており、「しめなわ」のように稲作の世界では、重要な文化的コードを形成しているのである。

二

稲の文化的コードから考えると、「あね」（姉、姐）という語が非常に気にかかる。「あね」の原義については、『大言海』は「アニメの急呼」と解釈している。音韻的には可能性がないでもないが、「ね」は稲の意味だと考えられるから、やはり「あ」と「ね」を分解して検討する方が妥当であろう。

「あ」の原義について、望月長與氏はその著作『一音語のなぞ―日本語の発掘ノート―』（六藝書房、1972年12月）のなかでこう指摘している。

> 口を大きくあけて発音すれば、あという音が出ます。この高天に向かってこの動作をする場合があの音の発生頻度が多いことから、上を向くことがあをむくという表現となったと考えられますが、これは種族間に共通性があるので、ことばとして成立したわけでありましょう。

「あを向く」という語構成から見れば、「あ」には確かに「上」の意味がある。もしこの解釈が成立すると認められれば、「あま」（天）の原義が非常に分かりやすくなる。「あま」の「ま」は空間を意味するので、「あま」は「人間が仰向いて見える上の空間」ということになる。これまで、「あ」の原義は「広大無辺」だと解釈されているが、そうではなく、「上」がその原義であろう。

和語二人称「あなた」の「あ」も、もともと「仰向いて見える上」の意味であろう。「あなた」の「な」は連体助詞で、「の」の交替形である。「た」は「て」と通じて方位を表す。したがって、「あなた」はもともと「上の方」を意味する。「上の方」にいる人が二人称の「あなた」なので、「あなた」には、相手に対する敬意が当然含まれているのである。

さらに加えて言うと、「上の方」はまた「遠方」と通じるので、「あ」にはまた「遠い」の意味が派生した。「あちら」「あれ」の「あ」が、この「遠い」意味の「あ」である。

話が「あね」に戻るが、「あね」の「あ」は「上」の意味だとすれば、いったい人間のどこを指すのかを決めなければならない。この時、「あたま」という語が非常に参考となる。この語の構成について、「あ＋たま」の意見と「あた＋ま」の意見があるが、筆者自身は、「あ＋たま」の方が正しいと思う。望月長與氏は前掲の『一音語のなぞ』の第五章で次のような意見を述べている。

> はじめにでてきたあの音語は、発展してものの端につけられるようにもなりました。頭全体が、まえにも説明したようにまるい形をしているのでたまであり、身体の最上部にあるたまはあたまとなりました。

「あたま」はすなわち身体の最上部のたまだという解釈であるが、筆者もそうだと考える。そして、「あね」の「あ」は人間の身体で考えると、やはり「あたま」を指しているのである。すなわち、「あね」の「あ」は「あたま」を省略する形で指示しているのである。

「あね」の「ね」は前述したように、稲の「ね」を意味する。こうなると、「あね」は「頭の上に稲がある人」という意味となる。青森県西津軽郡森田村大字床舞から、縄文時代晩期の女性の土偶（写真参照、東京国立博物館所蔵 Image:TNM Image Archives　Source:http://Tnm-Archives.jp/）が出土したが、その土偶の頭部には、植物の茎で綯った鉢巻が巻かれている。この土偶の写真を見た瞬間、筆者は自然に「あね」という言葉を思い出した。その鉢巻の正体は稲と考えられ、「あね」はすなわち、鉢巻を巻くように、頭に稲を巻いている人を指しているのであろう。

縄文時代晩期の土偶

「あね」を意味する漢字には「姉」と「姐」があるが、「姐」という字はとくに注意すべきである。「姐」の中の「且」は、台の上に祖先や神様へのいけにえが載せられている形を示しており、「姐」がもともと神前の台にいけにえを載せる女を意味していることが明らかである。著名な漢字学者白川静氏がすでに指摘しているが、古代中国の山東地方では、長女を巫児《ふじ》と呼び、祖先や神様に通じる斎《さい》女《じょ》として家に留めて祭事を執り行う習慣があった。中国の山東地方と密接にかかわった古代日本でも、長女が祭祀活動を執り行う習慣があったにちがいない。そして、稲作文明の枠内で考えると、長女が執り行った祭祀活動は稲作に関係することであり、彼女はそれを執り行う時、頭に稲を巻いていたことは充分に考えられる。すなわち、「あね」という語は、最初はこのような装束をした長女を指し、のちに一般化されて長女の代名詞へと変わってきたのであろう。

三

「あね」の反対語は「あに」(兄)である。「あに」について、『大言海』は「アノエの約転」だと解釈しているが、この解釈は音韻的に相当無理がある。

また、清水秀晃氏は前掲の『日本語語源辞典』のなかでこう解釈している。

> 「相和」アは強調語、ニはニキ・ニコ(和)の語幹である。また二音の母義で、ほどよく調和すること。アニとは、仲よくむつみあえる者、物ごとになれて(熟達)、すぐれている者の義から、仲間でかつ年長の男の義に転じたものであろう。

「あに」の「あ」は「相和」を意味する接頭語であるという意見であるが、筆者はこの意見に賛成しない。「あに」の「あ」も「あま」の「あ」と同様「上」を意味する実語であろう。

「あに」の「に」は相当難解である。まず「…に」という構造を持つ語について概観してみよう。

「あに」を除いて、さらに「…に」という構造を持つ語をあげるとすれば、「うに」(海胆)、「かに」(蟹)、「くに」(国)、「たに」(谷)、「やに」(脂)などがあげられるが、その中の「に」は、いずれも「柔らかい物」を意味しているように思われる。

「うに」

序章で述べたが、「うに」の「う」は「裏」の意、「に」は「柔らかい物」の意。したがって、「うに」の原義は「裏の柔らかいにく」

なのである。

「かに」

「かに」の「か」は「硬い」の意、「に」は「柔らかい物」の意。したがって、「かに」の原義は、「表面は硬いが、中身は柔らかい」と理解してよいのであろう。

「くに」

「くに」の「く」は「くぎる」の「く」、「に」は「柔らかい物」の意。したがって、「くに」はもともと「くぎった土」を意味するのである。

「たに」

「たに」の「た」は「手」の意、「に」は「柔らかい物」の意。したがって、「たに」は本来「谷」を意味するのではなく、「掌の真ん中の柔らかい部分」を意味する。掌の真ん中の柔らかい部分が凹んでいることから、山と山の間の凹んだ谷も「たに」と呼ばれたのではないかと考えられる。

「やに」

「やに」の「や」は「熟して粘る」の意、「に」は「柔らかい物」の意。したがって、「やに」はもともと、「ねばっていて柔らかい物」を意味するのである。

順番で数えていくと、「やに」の後ろにはまた「わに」があるが、筆者の考えでは、「わに」は「いね」と同様、もともとアリゲーターを意味する外来語であった。もちろん、古代の日本では、「わに」が「さめ」の意味に用いられていたが、それは単に「わに」の一派生義にすぎず、日本列島にはアリゲーターが生息していなかった所にその理由があるのである。

上述のことをまとめてみると、「に」はもともと「柔かい物」を意味するということが明らかになった。こう考えると、「あに」の「に」も「柔らかい物」を意味しているはずで、「頭の上に柔らかい物を載せている」人が「あに」であろうと推測されるのである。

漢字の「兄」について、白川静氏は『字訓』(平凡社、1987年5月)の中でこう解釈している。

> 兄は、祝詞《のりと》を収める器の形である𠙵を戴く人の形であるから、祝の初文とみるべき字である。〔説文〕八下に「長なり」と訓し、兄長の義とする。古くは長子や長女が家廟につかえるものとされ、周公の長子伯禽《はくきん》はまた大祝禽《たいしゅくきん》ともいい、周の大祝の職にあった。山東の斉では長女を巫児といい、斎女として家に留めたことが〔漢書、地理志〕にみえる。おそらく男子にも、族生活上の職能的義務があったものと思われる。兄が家廟につかえ、神霊がそれを悦ぶことを兌《えつ》という。兌は兄の上に神気の降る形である。周では兄弟のことを罤弟《こんてい》といい、のち昆弟という。字が眔《とう》に従うのは鰥《やもめ》のことであるから、罤には親族称謂として何らかの意味があったのであろう。親族称謂のうちには、古代の族制の問題を、その字の形義のうちに含むものがあるように思われる。

漢字の「兄」は、長子が祭祀用の祝詞を収める器を戴く形を示しているという意見であり、筆者は基本的にこの意見に賛成である。ただ祭祀の時には、祝詞のほかに、犠牲も非常に重要な役割を果たしているから、長子の頭の上の器には、祝詞のほかに、犠牲も入っている可能性が充分ある。そして、この事を念頭に置いて和語の「あに」の原義を考えてみると、意外に共通性が認められる。「あに」の「あ」は頭の上を意味し、「に」は柔らかい犠牲を意味する。したがって、和語の「あに」は漢字の「兄」に近い原義を持っているといえるわけで、祭祀の場合、中国の「兄」と日本の「あに」は同じ役割を果たしていたという推論を立てても大過はないであろう。

第四章

「ちぎ」の原義

一

文化庁監修、伊藤延男・太田博太郎・関野克編集の『文化財講座・日本の建築1・古代I』（第一法規出版、1977年3月）がすでに指摘しているが、1902年、伊東忠太氏は「日本神社建築の発達」という論文で、日本の神社建築の四大特徴を次のようにあげている。

①屋根の形が切妻造《きりづまづくり》であること。
②屋根を瓦で葺かないこと。
③土塀を用いないこと。
④装飾の質素なこと。

この四大特徴は筆者自身の観察と完全に一致しているので、筆者は全く賛成であるが、ただここで問題にしたいのは特徴①に関連することで、神社の社殿はなぜ切妻の面を正面としているのか、ということである。中国の常識から考えると、切妻の面は建物の側面のはずである。しかし、日本の神社はそれを正面としているのである。

長い間、わたしはこの疑問を解くことができなかった。しかし、最近、長江流域の稲作文明と日本との関連を研究し、そして、その一環として和語の語源を探究している間に、それは社殿屋根の両端に交差している「ちぎ」に起因しているのではないかと考え、自分自身を納得させた。「ちぎ」は「×」型を呈して社殿両端に突き出している。もし中国の寺院のように切妻の面を正面としなければ、当然のことながら「ちぎ」のこの「×」型が見えなくなる。こうして考えると、「ちぎ」のこの「×」型が日本では非常に重要な意味を持っており、面と向かってこの「×」型を仰視できる方面は正しい面、すなわち「正面」であるという日本神社の論理が明らかになるのである。

出雲大社のちぎ

二

「ちぎ」は「ひぎ」ともいい、その歴史は相当古い。四世紀後半から六世紀にかけて作られた家形埴輪には、すでに「ちぎ」が造形されている。また最古の文字記録としては、「ひぎ」は712年編纂の『古事記』によって記録され、「高天の原に氷椽高しりてましましき」というセンテンスが認められる。「ちぎ」は927年編纂の『延喜式・祝詞・祈年祭』に用いられ、「高天原に千木高知りて、皇御孫の命の瑞の御舎仕へ奉りて」というセンテンスが認められる。前掲の『日本国語大辞典第二版』によると、「氷椽」は「ひぎ」、「千木」は「ちぎ」と訓読するという。

社殿の屋根両端のこの「×」型材木は「ひぎ」と「ちぎ」の二名

称をもっている。そして、和語のなかでは、「ひ」も「ち」も神とかかわる一音語であり、それぞれ太陽神と水神を意味する。すなわち、社殿の屋根両端のこの「×」型材木は大変神聖な意味を含んでいるというわけだが、この点がわかると、その原義を追究しないわけにはいかない。次節から、二名称の新旧にしたがって、その原義について分析してみよう。

三

『古事記』は『延喜式』より二〇〇年以上古いから、名称としては、「ひぎ」は「ちぎ」より古いと考えられる。したがって、まず「ひぎ」の考察を進める。

前述したように、「ひ」は和語の中で太陽神を意味する。そうだとすれば、「ひぎ」はたしかに「太陽の木」と理解することができる。しかし、こう理解する場合、二つの問題を解決しておかなければならない。一つは「ひぎ」の表記、太陽の意味なのに、なぜ正反対の意味を持つ「氷」という字が当てられているのかという問題。もう一つは、「ひぎ」はいったいどのように太陽とかかわっているのかという問題である。

まず「氷」という当て字だが、漢字表現の世界では、時に「反訓」が用いられる。すなわち、意識的にある意味を、それと正反対の語で表すという表現法であるが、たとえば、「臭」でもって「香」の意味を表したり、「逆」でもって「迎」の意味を表したりする。「同心之言、其臭如蘭」(同心の言、その臭い蘭の如し)(『周易繫辞上』)と「以有尽之地而逆無已之求、此所謂市怨結禍者也」(有尽の地を以て無已の求を逆《むか》う、これ所謂る怨を市りて禍を結ぶ者なり)(『史記・蘇秦列伝』)

がその例であり、この二文の中の「臭」と「逆」はいずれも「反訓」に用いられ、その反対の「香」と「迎」を表しているが、実は、「氷木」の「氷」もそうである。太陽は熱い。しかし、太陽の熱さはここでは意識的にその正反対の「氷」で表現されている。この当て字を見た瞬間、中国人である筆者は逆に、「ああ、ひぎは太陽の木だ」とすぐにわかった。

双鳥太陽図

もちろん、「ひぎ」はまた「比木」と当てられる場合がある。「比木」の場合、「ひぎ」に対する捉え方が明らかに「氷木」と異なり、「太陽の木」ではなく、「男女ワンペアの木」と捉えられているのである。二本の材木を「男木」「女木」と呼ぶ所以が、まさにここにあるのである。

「比」は「比翼」の「比」で、もともとは一対の鳥を指す。そして、鳥が原型となると、太陽との関連性がまた自然に浮かんでくる。中国には、もともと太陽の中に三本足のカラスがいるという伝説がある。また、1977年10月から1978年1月にかけて、長江下流域の河姆渡遺跡に対して行われた第二次考古学的調査によって、六五〇〇年前のその第三文化層から貴重な象牙破片が出土し、その上には、二羽の鳥が背向けに交差して太陽を背負っている図案（写真参照、浙江省博物館所蔵）が彫刻されているのである。中国ではこの図案を「双鳥朝陽」と命名するか、それとも「双鳥舁日《そうちょうよじつ》」と命名するかについて意見が分かれ、またこの二羽の鳥が鳳凰か、それともカラスかについても議論が交わされている。河姆渡遺跡博物館でこの図案を見た瞬間、筆者は日本の神社の屋根両端に交差している「×」型の「ひぎ」を連想した。河姆渡遺跡の木造建築が一部復元されており、いずれも屋根の両端に高い「ひぎ」が交差して突き出している。そして、建物のほとんどが東西方向に並んでおり、南南東7～10度の角度である。そして、これらの建物も切妻の面を正面としている。念を押すまでもなく、この方向は日の出と日の入りの方向によって決定されたものであり、朝日が屋根の高さまで登り、あるいは夕日が屋根の高さまで沈むと、その象牙破片に彫刻されたような構図が、屋根両端の「ひぎ」に現れるのである。鳥は飛翔する精霊であり、これが「ひぎ」が屋根に飾られる所以である。太陽は鳥の交尾によって生まれ、また鳥の飛翔力によって昇っては沈む。この図案には、生育と太陽崇拝のモチーフが含まれており、このモチーフをベースに「ひぎ」を考案し、しかも、それを自分たちの家の屋根両端に飾るという河姆渡人の行為には、太陽神に対する篤い信仰と、自分たちが太陽神の子孫であるという自覚がはっきりと現れているのである。

日本人も太陽神の子孫である。日本の神社の多くも東西方向に建てられている。この二点を「ひぎ」の意味や由来と結びつけて考えると、「ひぎ」の起源も長江下流域にあり、それも稲作の伝来とともに日本に伝わってきたのではないかと考えられる。

『建築大辞典第2版』(彰国社、1993年6月)によると、昔、宮崎県高千穂地方の民家はほかの所と異なり、ほとんど未加工の丸太材を「ひぎ」に用いていたという。それはむしろ「ひぎ」の原型だと思われる。筆者は先年中国南方の苗族村を訪ねた時、ほとんど未加工の丸太材で作られた「ひぎ」を数多く目にした。昔の高千穂地方の「ひぎ」は明らかに苗族の「ひぎ」と相通じているのである。

高千穂地方といえば、「天孫降臨」という神話が思い出される。邇邇芸命は太陽神天照大神の孫であり、彼が高千穂に天降った後の言行が、『古事記』によってこう描かれている。

> ここに詔りたまひはく、「此地は韓国に向ひ笠沙の御前にま来通りて、朝日の真刺す国、夕日の日照る国なり。かれ此地ぞいと吉き地」と詔りたまひて、底つ石根に宮柱太しり、高天の原に氷椽高しりてましましき。(前掲の『新訂古事記』)

この引用には、「ひぎ」が現れている。邇邇芸命は高千穂で宮殿を建て、天上に「ひぎ」を高くあげたのだが、この「ひぎ」のある宮殿を建てる前に、彼はわざわざ「朝日の真刺す国、夕日の日照る国なり」といった。すなわち、「ひぎ」という様式は明らかに「朝日の真刺す」と「夕日の日照る」という方向とかかわっており、これは、「ひぎ」が太陽を送迎する神聖な装置であることを説明しているのである。

長江下流域の河姆渡遺跡の建築物の方向とその屋根両端の「ひぎ」および「双鳥太陽図」の関係を考えると、「ひぎ」は日の出と日の入りの方向に向かって交差する神聖な装置であり、その図案はすなわち「ひぎ」の形象化であると筆者は指摘したい。そして日本の『古事記』のその記録はまさに、筆者の推測を裏づけているのである。

もちろん、河姆渡は中国長江下流域の遺跡であり、日本列島最西端の宮崎県の神話伝説がその遺跡の何を証明できるのかと疑う人もいるだろう。しかし実際、宮崎県の高千穂に天降った邇邇芸命は長江下流域から移住してきた越族にちがいなく、本書の第九章で詳述するように、黒潮の流れる方向からも、邇邇芸命の言語的特徴からも、彼の民族性を正確に証明することができるのである。

河姆渡遺跡から、七〇〇〇年前の稲が出土している。稲作が日本に伝わってきた起源は、今から四〇〇〇年〜五〇〇〇年前までさかのぼれるが、ただその時は、規模が小さく、それに伴う移民の数も少なかったので、日本では、稲作文明が起こるに至らなかった。しかし、今より二二〇〇年〜二三〇〇年前、秦国の中国統一戦争と長江中下流域の楚国、越国の相次ぐ滅亡によって、多くの稲作民、とくにその貴族たちが稲作文明を持って日本列島に移住してきた。鬼頭宏著『人口から読む日本の歴史』(講談社学術文庫、2000年5月)によると、縄文時代晩期(今から二九〇〇年前)の日本列島の推定人口は七万五八〇〇人であるが、弥生時代(今から一八〇〇年前)の推定人口は五九万四九〇〇人となった。人口の増加が非常に激しく、いくら稲作によって食糧生産が増加したといっても、人口のこのような増加はとても自然な増加とはいえず、この事から、長江下流域から大量に移民がやってきたことは容易に想像できる。鬼頭氏は同書の第二章第三節でこう述べている。

> 弥生時代以降の人口増加は、縄文時代から日本列島に住みついていた人々の自然増加によるだけでなく、海外からの移住に支えられた増加もあった。そもそも稲をもたらした人々は、そのような渡来人であった。(中略)そのような渡来人の流入が、弥生時代に始まる人口増加に寄与した程度はどれくらいだったのだろうか。『日本書紀』には何箇所か、帰化人の戸口に関する記事がある。たとえば欽明天皇元年(五三二)に秦人の戸数七〇五三戸あったというから、その人口は十数万

人を数えたことになる。しかしこのような断片的な記載から、人口増加への寄与を測ることは不可能に近い。

鬼頭氏は弥生時代の人口の急増について海外から移民が大量にやってきたと指摘している一方、また断片的な記載しか残っていないことを理由にして、海外からの移民の弥生時代の人口増加に対する寄与を測ることは「不可能に近い」と考えている。しかし、七万五八〇〇人から五九万四九〇〇人までの増加数から想像すると、弥生時代の初期、すなわち今より二二〇〇年〜二三〇〇年前、長江下流域から少なくとも数万人の移民がやってきて、列島人口の増加の原動力になったと考えられる。そして、邇邇芸命がその中の一人のリーダーで、彼らの活躍によって、縄文時代と本質的な相違を見せた稲作中心の弥生時代が、ついに日本で始まったのであった。

稲作文明の伝来という角度から『古事記』を読むと、その世界の三層構造がよくわかる。天照大神が住む世界は「高天原」、天孫である邇邇芸命が支配する世界は「中《なか》つ国《くに》」、「中つ国」の下には、さらに「黄泉《よみ》」がある。この三つの世界は上・中・下となっているが、筆者の考えでは、この上・中・下は物理的な上・中・下ではなく、文明程度の上・中・下であり、心理的な上・中・下である。文明の発信地または中心地は文化的・心理的に高く、辺境は文化的・心理的に低い。両者の間は中ぐらいである。今日でも、日本の列車あるいは高速道路は、上り線と下り線に分かれており、東京は地理的には決して高くはないが、地方から東京へ行くのは上り線で、東京から地方へ行くのは下り線である。こうしてみると、『古事記』の三層構造はそのまま、弥生時代初期の長江下流域と宮崎県および日本列島のほかの所との文明程度を反映しているのである。

「高天原」と比べて、当時の日本列島は文化的にも、心理的にも低い。とはいえ、「黄泉」よりは高い。したがって、「中つ国」と命名された。当時、「中つ国」では稲作がまだなく、人々は稲穂を神秘に思い、それを「ちほ」と呼んでいた。「高千穂」の「ちほ」はこの事実を反映しているのであろう。

この「中つ国」のなかでは、邇邇芸命が天降った「高千穂」がまた日本列島における稲作文明の中心地となったので、文化的にも心理的にも高く感じられていた。「高千穂」の「高」には、高い山という意味のほかに、またこの文化的・心理的な高さも含まれているように思われる。前に引用した「天孫降臨」のその段落には、「底つ石根に宮柱太しり、高天の原に氷椽高しりてましましき」という描写があり、「高天の原」という言葉がここにも用いられている。この「高天の原」は明確には邇邇芸命が原郷とした長江下流域を指していない。しかし、この「高天の原」は長江下流域のその「高天原」をありのままに再現したものであり、朝日と夕日に向かって、空高く突き出している二本の「ひぎ」がその証拠である。要するに、高千穂地方が邇邇芸命の降臨によって日本列島の中の「高天の原」に変わり、そして、邇邇芸命の子孫たちが高千穂地方を出発点として、「神武東征」の形を取って、一歩また一歩と稲作文明を日本列島内の未開な「黄泉」へと広げていったのであった。

宮崎県や奈良県など昔文化の中心であった所には、「日向」という地名が残っている。「ひゅうが」は「ひむか」の約音である。「日に向かう」、すなわち太陽に向かっているという意味であるが、それでは、いったい何が太陽に向かっているのだろうか？やはり「ひぎ」であろう。「ひぎ」が太陽に向かっているから、「日向」という地名ができたのだと考えられる。要するに、「ひぎ」は天孫族の出自と文明的スタンスを示す徽章《きしょう》であり、「日向」という地名は彼らの活躍を記念する文化的化石なのである。

四

「ひぎ」はのちにまた「ちぎ」と呼ばれるようになった。前掲の『日本国語大辞典第二版』によると、「ちぎ」の語源について、「ヒヂキの略」、「チガヒギ・チガヘギの義」、「チキル・チカフのチと同言で不動の意」など七種類の語源説がすでに出されているという。しかし、この七種類の語源説はいずれも「ちぎ」の建築上の実用性にもとづいたもので、筆者はいずれにも賛成しないのである。

「みつち」という熟語がある。想像上の動物で、蛇に似て角と四本足がある水中の怪物とされているが、文字通りに解釈すれば、「水の霊」であろう。『古事記』にも、肥《ひ》の河で大洪水をおこす怪物が登場しており、その名を「やまたのをろち」という。こうして見ると、「ち」はもともと水中の神霊を意味し、和語の世界では、とくに蛇を指すのである。

日本の神社建築の特徴ある装飾といえば、まず「ちぎ」と「しめなわ」の二つをあげることができる。「ちぎ」は太陽神を送迎するものなので、神社正面の屋根に突き出して交差しているが、「しめなわ」はなぜ神社正面の屋根の下に垂れているのだろうか？結論を先にいえば、それは蛇の交尾の見立てである。

民間伝説では、蛇、とりわけ白蛇は豊作や富貴を司る神霊であり、稲作に必要な水をもたらすと同時に、その交尾時の白い精液によって、稲穂の中には、白い米粒が稔るという。そして、蛇は本当に二本の縄が綯っているように交尾し、二十五、六時間も続くらしい。古代の日本人はすなわち蛇交尾の豊作性を考えて、その様相を「しめなわ」で見立てて再現しているのである。

出雲大社のしめなわ

そして、「しめなわ」のこのモチーフは蛇を見立てる点で明らかに「ちぎ」と通じており、「ちぎ」は文字どおりに解釈すれば、まさに「蛇の木」である。要するに、日本神社の二大装飾はいずれも米の稔熟と密接にかかわっているのである。

五

和語では、米のことを「こめ」という。漢字の「米」は稲穂の外形をなぞらえて造られた字であるが、和語の「こめ」はいったいどういう意味であろうか？

> 「込目」か、難解である。〈大言海〉には柔実の転かとあるが、ニコのコは甲類（ko）だから違反する。「込目」で穀皮の中にこもっている小粒なるものという意か。小粒のものを「目」という。◇「岩の上に小猿渠梅（コ乙、メ乙）焼く渠梅だにも食げて通らせ山羊の翁」〈皇極紀二年〉　凝—込む—米

これは、前掲の『日本語語源辞典』の意見である。稲作の日本な

のに、米の語源が「難解である」というのは、非常に意外である。筆者の考えでは、米の原義は「柔実」ではないし、「穀皮の中にこもっている小粒なるもの」でもない。和語では、「こま」「こむ」「こめ」は同根の言葉で、いずれも「何かを込める、あるいは、こまっている状態」を表す。この本義から考えると、米の語源は「何かを穀皮の中に込める」という意味となる。言い換えれば、何かを穀皮の中に込めよう、込めようと人々は願っているが、その何かが本当に込められた後、「米」が稔るのである。すなわち、「米」はその何かが込められた結果なのである。

それでは、人々が込めよう、込めようと願っているものとは、何であろうか？

前節で分析した「ち」と「しめなわ」の関係から判断すれば、それは「ち」または蛇の精液にちがいない。すなわち、米の原義は「ち」を込めるということである。そして、時には「ち」が込められている米自体も、「ち」と呼ばれるのである。

「ちまき」という特別なたべものがある。葦あるいは笹の葉っぱで米あるいは餅米を巻いて作ったそれはなぜ「ちまき」と呼ばれるかといえば、文字通り「ち」を巻いているからである。もちろん、この場合の「ち」は蛇の「ち」というより、「ち」を込めた米自体を指しているのである。

中国では、「ちまき」は「粽子《ゾンズ》」と呼ばれている。「粽子」というと、中国人はただちに端午の節句と屈原《くつげん》という戦国時代の偉人を思い出す。『太平広記』巻二百九十一所引の『続斉諧記』には、このような話がある。

屈原　五月五日を以て汨羅水《べきらすい》に投じて、楚人之を哀れむ。

此の日に至りて、竹筒を以て米を貯え、投水して以て之を祭る。漢の建武の中、長沙の区曲、白日忽ち一士人を見、自ら三閭大夫《さんりょたいふ》と云う。曲に謂いて曰く、君に当に祭らるるべしと聞く。甚だ善し。但し常年の遺す所、恒に蛟龍の窃む所と為る。今若し恵み有らば、楝葉《れんよう》を以て其の上に塞ぎて、綵糸《さいし》を以て之を纏むべし。此の二物　蛟龍の憚る所となるなり。曲其の言に依る。今世人が五月五日に粽を作りて、並びに楝葉及び五色の糸を帯びるは、皆汨羅水の遺風なり。

屈原は楚国の人で、楚国は長江中流域にあり、稲の原産地である。彼は楚国のために力を尽くしたが理解されず、最後に楚国が滅んだ後の五月五日に、楚国に殉死した形で入水自殺してしまった。こういうわけで、後世の楚国の人々は彼のことをかわいそうに思い、せめても江中の彼の魂に一番美味しい米を以て供えようと「粽子」を作って江中に投じた。最初は毎年の屈原の命日である五月五日になると、竹筒の中に米を入れて川に投じたが、後にそれが蛟龍に食べられるのを防ぐために、楝葉を以て米を包み、しかも五色の糸でそれを縛り付ける「粽子」を作って川に投じるようになった。そして、時代がさらに下ると、米を包む葉っぱはまた楝葉から葦あるいは笹の葉に変わったのであった。

もちろん、「粽」という漢字は、「米」を以て霊屋で神霊を祭り上げる意味であり、この意味で言えば、「粽子」の起源はもっと古く、中国南方の人々の米に対する根深い信仰に基づいたはずである。漢代以後、中国人は屈原のために「粽子」を作ると考え方を改めたが、それにもかかわらず、霊を慰めるのに「粽子」が用いられている点には、「粽子」の本義がなお保たれているのである。

このように神霊とかかわっている「粽子」は、その後稲作文化の一つとして日本にも伝わってきた。文献上、「飾り粽」や「粽糯米二石」を記録した『伊勢物語』や『延喜式』が一番古く、奈良時代以降、日本人も「ちまき」を食べる風習を持っていたと考えられる。そして今日でも、京都の「ちまき」がなお中国の古い伝統を残しており、依然として五色の糸で葉っぱを結んでいる。

六

和語では、血も乳も「ち」といい、お父さんのことも「ちち」という。まさかこれらの言葉も語源的に蛇霊とつながっているのだろうか？

筆者の考えでは、血と乳は直接蛇霊の「ち」とつながっている。その媒体は、蛇が交尾する時に出されたあの「神聖」な精液である。精液も白く、乳も白い。もっとも、血は赤い。これは一見矛盾しているようだが、属性による区別をしない倭人にとっては、これはまったく矛盾ではない。実際、この問題は、昨今最もはやっている認知言語学のカテゴリー化と焦点化の理論でも簡単に解ける。液体を以てカテゴリー化すると、精液と血液と乳液は、当然同じカテゴリーに入るし、霊力があるという点を焦点化すると、精液と血液と乳液はまた同一視される。この場合、色彩は決して焦点にならない。焦点にならない以上、人々は当然矛盾を感じないのである。

前掲の『日本語語源辞典』では、お父さんを意味する「ちち」がこう解釈されている。

「方方、血血」チは方＝契合、血＝血縁の両義にまたがる。

父は血縁的契合の本源となる意。

清水秀晃氏の考えでは、「ち」の母義は「方向の集約と、方向の離散」であり、この母義から、「血縁的に寄り合う」という意味が生まれ、「神秘な力を表現する」「ち」も実はこの母義からの「一派生語」である（同前）。しかし、筆者は正反対の意見を持っており、「神秘な力を表現する」「ち」の方が本義であり、「方向の集約と、方向の離散」はむしろ派生義だと考える。「ちち」の「ち」も根本的には前述した精液の「ち」と「血液」の「ち」に基づいており、精液で人を生み、血統の源流を創るという意味から、「神霊として一族を統率する長」としての「ち」が生まれたのだ。この「ち」がなぜ連なって「ちち」となったかに至っては、それはただ常用の呼称語に必要な双音節化に応じた結果にすぎず、「はは」「ぱぱ」「まま」と同様、深い意味はない。乳を意味する「ち」も常用の呼称語として用いるときに、「ちち」か「おちち」と変わるのであろう。

「ち」は一族または一血統を示す。この原義から一方向を示す意味が派生した。「こちら」「そちら」の「ち」がその例証である。また「ち」のこの派生義で解釈すれば、「ちまた」（巷）は一方向の巷または街道を指すことになり、邇邇芸命が天降る途中で通った「やちまた」（八衢）は、すなわち多くの方向へと伸びていく街道のある町なのである。

もともと、「みち」（道）は神霊「み」とかかわる「ち」であり、古代中国でもこう認識されている。著名な漢字学者白川静氏はその著作『字通』（平凡社、1996年10月）の中で、「道」という漢字についてこう解釈している。

異族の首を携えて除道を行う意で、導く意。祓除を終えた

> ところを道という。(中略) 途（途）は余はりを刺して除道すること、路は神を降格して除道すること。道路はまた邪霊のゆくところであるから、すべて除道をする。その方法を術（術）という。術は呪霊をもつ獣（朮じゅつ）によって祓う意で、邑中の道をまた術という。そのような呪法の体系を道術という。

「道」はもともと「異族の首を携えて除道を行う意」である。異族の首を携えて除道の儀式を行うというのは、人間の首を犠牲として神霊に捧げ、その上で神霊にご指示を仰いで方向を占う意味である。もちろん、和語の「みち」は漢字の「道」が持つこの意味を持っていないが、しかし、方向あるいは道の表示が神霊とかかわっている点では、両者はまったく共通しているのである。

七

「ち」はもともと蛇または蛇の精液を意味する。しかし最終的には、この「ち」は太陽を意味する「ひ」と交替して、「ひぎ」は「ちぎ」とも呼ばれるようになった。「ち」と「ひ」の間には、いったいどういう関わりがあってこのような改称が可能となったのだろうか？最後に、この問題について検討してみたい。

蛇は実際、鏡を媒体として太陽とかかわっている。吉野祐子氏は名著『蛇—日本の蛇信仰—』（講談社学術文庫、1999年5月）の第三章第二節でこう述べている。

> 中国伝来の「鏡」が「カガミ」と訓まれた理由は、鏡が古代日本人によって「蛇の目」つまり「カガメ」として捉えら

れたからではなかろうか。「カガメ」は容易に「カガミ」に転訛する。(中略)

○宝物としてのその稀少性

○円形で光り輝くもの

○二重の輪で縁取られていること

○鏡全体が丸味を帯びていること

このような特徴によって、鏡は蛇の目の模擬物としてこの上ない条件を備えているものとみなされ、信仰の対象、至高の宝物にまで高められていったのである。

古代の日本では、鏡は蛇の目、すなわち「カガメ」だと認識されていた。この指摘は非常に重要であるが、一方、鏡はまた太陽の見立てでもある。日本の各神社の本殿に祭り上げられている鏡は、いずれも太陽神信仰のシンボルだとされているが、よく分析してみると、この太陽神信仰の根底には、また「円形で光り輝」いている蛇の目が絡んでいるのである。

蛇信仰と太陽神信仰、言い換えれば、「ち」と「ひ」がこのようにかかわってくると、「ひぎ」が「ちぎ」に改称される基礎が自然にできあがったわけだが、漢代以降、中国の龍信仰も日本に伝わってきて、日本で龍蛇信仰が起こると、「ひぎ」は当然のことながら「ちぎ」と改称されたのであった。神社の屋根両端に突き出しているあの「×」型の材木が「ひぎ」とも「ちぎ」とも呼ばれている理由は、まさにここにあるのである。

以上、「ひぎ」と「ちぎ」について考察してきたが、これを通して、稲作文明のなかで最も信仰される神霊は太陽と蛇であるということを、あらためて確認することができた。

第五章

「つち」と「つみ」

一

和語の世界には、「ち」と「ひ」と「み」の三神霊が存在する。前章では、「ちぎ」と「ひぎ」の二名称を検討する形で「ち」と「ひ」を考察したが、本章では、「ち」と「み」を対比する形で「つち」と「つみ」の二語を取り上げたい。

「土」はなぜ「つち」と呼ばれたのだろうか？清水秀晃氏は前掲の『日本語語源辞典』の中で、二つの解釈を提示している。

一　「約方、約道」ツはこの場合まとめる・形成する、チは方＝ミ（道）の義である。人の行き交う方を形成するものはツチであるという意であろう。

二　「唾霊」土について〈漢字語源辞典〉には、地の、万物を吐出するものなり、社の原字で、土を盛り、木を立てた形を示す字。土地神を祀る時のシンボルである。土―吐を同系と考えた〈説文〉の解釈は正しい。聖なる大地は、充実して、万物を吐出する活力を持つと考えられた、とある。日本語のツチが漢語の土と同様な思考に基づくものであるならば、ツはツハキ・ツハ（唾）のツで、吐き出す意。チは霊。万物を内に含んでやがて吐出する霊力すぐれた大地、の意で命名されたものと考えることができそうである。

右、後項かと思うがいかが。

この二解釈の中で、清水氏は第二解釈の方が正しいと考えている。「つち」の「ち」は確かに「方向」よりも「霊」と考えた方が妥当である。そして、前章で述べたように、それは大地を意味する蛇霊である。しかし、「つち」の「つ」は「唾」を意味するとは考えられない。「つ」は「突く」の「つ」で、土穴を突き掘るという行動を意味している。大地には蛇霊の「ち」が宿っているから、鋭利な道具で土を突き掘ることは、蛇霊の「ち」を突くことになる。この意味から言えば、「つち」はすなわち「蛇霊を突く」という意味である。

二

「つみ」の原義について、清水秀晃氏は前掲の『日本語語源辞典』の中でまたこう解釈している。

「約・み、詰・み、障・み」ツはツヅマル（約）、詰まりふさがる、ツツム（障）＝支障となるなどの意であろう。語尾のミは間合に関するマ行活用の連用形で、また、山高み、瀬を清み、など形容詞に接するミとも同根。

「つみ」はもともと「支障」の意味だという解釈であるが、「支障」と罪は意味論的には通じにくい。筆者の考えでは、「つ」は「突く」の「つ」で、「み」はやはり神霊を意味する「み」である。「み」は「ち」と違い、人間は勝手に突いてはならない。それを突くと、「罪」

となる。これが「つみ」の原義であろう。

第一章で述べたが、「み」はもともと「真純」を意味し、水と女がその原義である。こうしてみると、「つみ」の「み」は「女」を指すことになり、「女を突く」こと、すなわち、女性を強姦することは「罪」と見なされたのである。

『隋書・東夷伝・倭国』には、「その俗、殺人、強盗及び姦は皆死す」と日本の古代風習が記録されているが、これを見ても分かるように、古代の日本では、女を強姦することは死罪であった。

一方、「ち」をつくのは同類の女をつくことではないので、当然「罪」とは見なされなかった。「罪」というより、むしろ「功績」と見なされていたのであった。

蛇を退治することは大地を征服することを意味する。須佐之男命《すさのおのみこと》が「やまたのをろち」を退治したことはその一例であるが、中国古代の「操蛇の神」もそうであり、右手に斧をあげ、左手に大蛇を握りしめた姿をし、麦の豊作をもたらすシリアの天候神バールもそうである。ヨーロッパのドラゴンも蛇を原型とする怪物だが、原始的な自然と人間の闘争という文脈で読むと、『旧約聖書・啓示』に描かれた聖天使ミカエルとドラゴンの戦った場面は、非常にわかりやすくなる。

> また、別のしるしが天に見えた。見よ、火のような色の大きな龍であって、七つの頭と十本の角があり、その頭には七つの王冠があった。その尾は天の星の三分の一を引きずって、それを地に投げ落とした。そして龍は、子を産もうとする女の前に立っていた。彼女が子を産んだ時に、その子供をむさぼり食うためであった。

（中略）

また、天で戦争が起こった。ミカエルとその使いたちが龍と戦った。龍のその使いたちも戦ったが、優勢になれず、彼らのための場所ももはや天に見いだされなかった。こうして、大いなる龍、すなわち、初めからの蛇で、悪魔またサタンと呼ばれ、人の住む全地を惑わしている者は投げ落とされた。彼は地に投げ落とされ、その使いたちも共に投げ落とされた。そして、わたしは大きな声が天でこう言うのを聞いた。

「今や、救いと力とわたしたちの神の王国とそのキリストの権威とが実現した！（中略）このゆえに、天と「天」に住む者よ、喜べ！地と海にとっては災いである。悪魔が、自分の時の短いことを知り、大きな怒りを抱いてあなた方のところに下ったからである」。（ものみの塔聖書冊子教会訳『聖書―新世界訳―』WATCHTOWER BIBLE AND TRACK SOCIETY OF NEW YORK, INC、1985年）

以上の引用では「龍」、すなわち蛇が人間の住む天国から投げ落とされた。これは明らかに人間が大地を征服したことを意味している。「つち」はまず人間が大地を征服することを意味し、その後征服された大地はまた「つち」と呼ばれた。こうしてみると、砂岩が分解して形成された土壌ではなく、人間の力によって征服された大地こそが、「つち」と呼ぶべき存在であろう。「つち」という和語は現に「土壌」と「大地」という二つの意味を持っているが、どちらかというと、「大地」の方がその本義であるように思われる。

要するに、「ち」と「み」はともに神霊ではあるが、それぞれの原義が異なるので、「み」を「つ」いたら「つみ」と見なされ、「ち」

を「つ」いても「つみ」とは見なされない。そして、ここには、日本人の「水」ないし女神に対する崇拝と、蛇に対する畏忌が感じられるのである。

三

比較してみると、漢字の「土」は和語の「つち」と全く異なった意味を持っている。「土」は地面に土柱を固めて祭る形をしているので、土地神を恭しく祭り上げるというのがその原義であり、土地神を突いて征服するような意味合いが全く含まれていない。この点では、中国人は日本人や欧米人と相当異なっているわけで、中国人は土壌に特別な、いってみれば、日本人の海に対する愛着と同様な愛着を持っているのではないかと考えられる。

もちろん、土地に関する認識で、中国人は日本人や欧米人と全く共通点を持っていないかというと、そうでもない。中国人はもともと「土」と「地」を別々に考えているから、「地」の方を見れば、共通点の存在がただちに分かる。「地」の中の「也」は蛇の象形で、蛇のうねうねした様相を表している。この蛇のうねうねした様相から、「うねうねと連なる大地」の意味が生まれたのだが、蛇が大地の象徴であるという点では、中国人と日本人と欧米人の認識は全く共通している。したがって、中国人は土地を耕すのではなく、原始的な大地を征服するときには、蛇を意識するのであり、日本の須佐之男命やヨーロッパの聖天使ミカエルとそれほどの差がないのである。

以上の説明の中で、自然に「土地」と「大地」を区別して用いたが、この二つの熟語がそれほど異なっているとは一度も思わなかった。別々に考えられてきた「土」と「地」が結びつくと、「土地」という熟語が出来る。しかし、「土地」という熟語は「土」をベースとしており、耕地の意味合いが強い。一方、「大地」は「地」をベースとした語彙である。形容詞である「大」は、蛇のようにうねうねと伸びている「地」のスケールをさらに大きく表現しているのである。

第六章

「いなほ」と「つぼ」

一

陶器の起源は、ずっと考古学者を悩ませる大問題である。「縄文土器」のような、尖底の釜や串円底の壺など、一万数千年もの前に、人間は何がきっかけでそういうものを作るようになったのであろうか？

1998年3月17日から22日まで、京都市の国際日本文化研究センターで、「稲作、陶器と都市の起源」と題する国際シンポジウムが開催され、大会の研究発表では、中国の著名な考古学者厳文明氏が、日本、中国の北方と南方、ロシアの極東地域とシベリア南部などから出土した古い陶器の様式的な相違をふまえて、「the origin of pottery is multi-regional」（『The Origins of Pottery and Agriculture』Part II Chapter9, Edited by YOSHINORI YASUDA）と指摘したにとどまり、結論を見合わせた。日本の学者堤隆氏も、日本の陶器の起源について述べる時には非常に慎重な態度を取っている。

At present, mumom type pottery and shitotumon-doki which preceded ryukisenmon-doki found in east Japan are defined as the oldest pottery, with their evolution traced to the northern regions such as Far East Russia. However, details of pottery before ryukisenmon-doki as well as of the oldest pottery from the Korean Peninsula still remain vague. So, it is too early now to settle issues related to the origin of pottery in Japan. （前掲書 Chapter17）

要するに、朝鮮半島の陶器の発掘状況がまだ不明瞭だから、日本の陶器の起源を結論づけるのは時期尚早だという意見である。しかし、慎重論が多いなかで、中国の学者張弛氏は、非常に鮮明な意見を出している。

The excavation at Xianrendong and Diaotonghuan and the most recent discoveries at contemporary sites such as Yuchanyan, Dao County, confirm that these characteristics had already appeared in the region over 12,000 yrs.BP. In this region, the first appearance of Neolithic cultures is accompanied by the rise of rice agriculture and pottery manufacture, as evidenced by the co-occurrence of early pottery and domesticated rice phytolith remains at Wannian County, Jiangxi Province. Pottery manufacture and domesticated rice are both markers of the arrival of the South Chinese Neolithic, as well as being general traits of the early Neolithic cultures of the region. （前掲書 Chapter12）

稲作と陶器の焼成は、中国南方の新石器時代の最初の文化的特徴だと、張弛氏は強く主張している。彼の論文を読むと、少なくとも中国南方では、稲作と陶器の製造は互いに関わっているということを理解することができる。

和語では、陶器の壺を「つぼ」という。この「つぼ」の古形は「つほ」であり、「…ほ」の構造を共有する点で、「つほ」は「いなほ」

とつながっている。陶器の焼成と稲作との関係を解くヒントがここに潜んでいるのではないかと考えられる。

「つぼ」の原義について、前掲の『大言海』では「漆器、又ハ陶器ノ、體圓ク、ロノ窄ミタルモノ。ツブ」と解釈されているが、納得の行くものではない。実際、「窄む」は「つぼ」の動詞化なので、「窄む」で「つぼ」の原義を解釈するのは、そもそも本末転倒である。「つぶ」の「ぶ」と「つぼ」の「ぼ」は音転関係にあるので、「ぼ」が「ぶ」と発音される可能性は当然ある。しかし、「つぶ」は「つぼ」の語源だとはいえないだろう。

前掲の『日本国語大辞典第二版』には、「つぼ」の語源として五種類の説が収録されている。しかし、この五種類の説は『大言海』と同様、ほとんど本末転倒の解釈である。四番目の説―「土で作るところから、ツは土の義、ボはクボムの義〔和句解〕」はたいへん興味深いが、「ツ」は本当に「土の義」であるかどうか、疑問がなお残っている。

望月長與氏は前掲の『一音語のなぞ』の中で、和語の「つ」について次のような意見を述べている。

> 手には指があります。指は原始語ではつという名称になっていたようです。やはり一音語です。
>
> つは、今日でもしばしば原始的に発声されることがあります。たとえば、沸騰したやかんにうっかり手を触れたとき思わずつーという音が口から飛び出しますし、おもしろいことに、冷水などに手を触れてもやはりつーといってしまいます。温度計などがもちろんない原始時代には、物が熱いか冷たいかをはかるのにもっとも便利に利用したのは人の指でしょう。

そして思わずつーと声を出すことが日常茶飯事だったと思われますが、このつーという発声音が指の名称となったのでしょう。

以上の論述には、もちろん論拠らしい論拠がない。しかし多くの日常語や日常音をふまえており、筆者はそれを正しいと思う。「ひとつ」「ふたつ」と数えるときに、指を立てるのが一般的だから、この「つ」は、確かに指と理解してよい。さらに論を展開させると、指で糸をコントロールして魚をつることから、「釣る」という語ができたのであろう。すなわち、「釣る」は「つ」の動詞化である。指で人間や物を突く、あるいは土石を突き固める場合の「つく」も、指で小さくて細いものを摘む場合の「つむ」も、やはり「つ」の動詞化であろう。和語では、「る」「く」「う」「む」などの接尾辞を名詞に付けることによって、名詞の動詞化が実現するわけであるが、このルールから逆に「つ」の原義を考えると、指が確かに「つ」の原義だといえる。

「つ」はまず「指」を意味する。その後、「指で何々をする」という動詞的な意味を表わす過程において、指または手と関わる物も「つ…」と呼ばれるようになった。「つえ」「つか」「つな」「つね」「つま」「つめ」「つや」「つら」などが、その例証である。そして、これほど多くの例証のなかの一つとして、「つほ」または「つぼ」があることから考えても、それらが決して特別な語構成を持つ単語でないことは一目瞭然である。

「つえ」「つか」などの「つ」は、いずれも「指または手」を意味する。したがって、「つほ」の「つ」も「指または手」を意味するにちがいない。問題は「ほ」の意味であるが、筆者の考えでは、この「ほ」は「いなほ」の「ほ」(穂) である。「いなほ」の「ほ」はつぼまっていて、中空である。しばらくすると、神秘的なエキスが入り、白い米粒が稔る。こうなると、稲作の民は自然に白い米を稔らせてくるこの中空の「いなほ」に畏敬の念を持ち、自分の手でその見立てを「つ」くり、豊作のための祭祀活動を行いたくなっただろう。この手で「つ」くった祭祀用の「いなほ」の見立てはすなわち「つほ」であり、のちに、この「つほ」はまた酒や水などを入れる「つぼ」へと実用化されたのではないかと考えられる。

二

漢字の「壺」は蓋付きのつぼの象形である。しかし、その原型は「いなほ」ではなく、ヒョウタンを意味する「瓠」である。「壺」はすなわち中空の「瓠《こ》」をまねて作ったものであるが、なぜまねて作るかというと、やはり祭祀のためであろう。中国の神仙文化の中では、ヒョウタンは壺と同一視されており、ともに仙人のマーカーとなっている。仙人は必ず酒を飲む。そして、酒を飲むと、俗世間と異なる仙界に入る。このような文化的コードが次第に形成され、漢代以降、「壺中天《こちゅうてん》」という特別な仙界が語られるようになった。

晋代の葛洪が書いた『神仙伝』には、『壺公』という仙話が収められている。

壺公という仙人が汝南へやってきて、薬を売っていた。昼間は薬を売るが、夜になると、人目を避けて、こっそりと軒先に吊してある壺の中に飛び込んで休む。汝南で町役人をする費長房はこれを見て、壺公は凡人ではないと分かり、長い間慇懃に彼の世話をしていた。ある日、壺公に誘われて壺の中に入ってみると、「楼閣や二重三重の門や、二階造りの長廊下など、左右には数十人の侍者がいた」といったような仙界が目の前に広がっていた。その後、当然の展開として、費長房が壺公にお願いしていろいろな秘術を修得し、大いに活躍するのだが、ここで問題にしたいのは、壺の中が広々とした仙界であるという考え方である。壺は小さいが、その中は非常に広く、最善最美の世界がその中に凝縮されている。そして、この広々とした最善最美の世界へと行きたいのであれば、やはり壺の口のような小さくて細い孔を通らなければならない。これはすなわち中国人が考え出した「壺中天」である。

葛洪の『壺公』に続いて、陶淵明はまた『桃花源記』を書いた。

> 武陵の住民で漁を業とする者が、川を舟でさかのぼるうち、どこまで来たのかわからなくなってしまった。と、突然桃の花の咲いている場所に出た。(中略) 林の尽きたところが、谷川の水源であった。そこには一つの峰があって、山腹に小さな洞窟があり、中はぼんやりと光っているように見えた。漁師はそこで舟を捨て、洞穴の口から中へはいって行った。はいった当初はきわめて狭く、人がようやく通れる程度であったが、さらに数十歩進むと、ぱっとあたりが開けた。ひろびろとした土地にまぎれもなく人家が立っている。よく肥えた田、水をいっぱいにたたえた池、桑や竹などの類があり、道は縦横に通じ、鶏や犬の鳴く声が聞こえてくる。見かける人たちの服装は男も女も、まったくよその国の人のようであり、老人も子供も、すべてのんびりと楽しげな様子に見えた。(前野直彬編訳『中国古典文学大系第24巻・六朝・唐・宋小説選』平凡社、1968年7月)

ここに描かれている「桃源郷」は、われわれの俗世間と全く異なったのどかな仙界である。しかし、この仙界の入口はやはり「人がようやく通れる程度」の小さい洞穴である。そして、「数十歩進むと、ぱっとあたりが開け」るというような構造を見せている。この洞穴はもちろん『壺公』の中の壺と異なっている。しかしよく考えてみると、「桃源郷」のこの洞穴はまさに横になった壺のようなものであり、その入り口はすなわち壺のように小さくて細い口である。したがって、この「桃源郷」も「壺中天」の一変形なのである。

南北朝時代に入ると、「壺中天」の発想がさらに変形しつつ発展する。

> 焦湖廟祝に柏枕あり、三十余年にして、枕後に一小坼《たく》孔。県民の湯林　賈《あきな》いを行いて廟を経るに、祝曰く「君　婚姻いまだしや。枕坼の辺に就くべし」と。林をして坼内入らしむ。朱門瓊宮瑤台世に勝るを見、趙大尉が林の為に婚し、子六人、四男二女を育つるを見る。林を秘書郎に選び、俄にして黄門郎に遷る。林　枕中に在りて永《とこしなえ》に思帰の懐無し。遂に違忤《いご》の事に遭う。祝　林をして外間に出らしむ。遂に枕に向かうるを見、枕内に年載を歴る。しかれども実は俄忽《がこつ》の間なりと謂う。
> (魯迅著『古小説鈎沈』所引の『幽明録』)

柏の木の枕には小さな孔があり、その小さな孔から枕の中に入ってみると、また絢爛な世界があった。この枕中の世界は、構造的にまた「壺中天」と通じているのである。

唐代に入ると、この話を踏まえてさらに有名な物語が創作された。「黄粱の夢」という熟語を造り出した『枕中記』が、それである。

時に主人は方に黍を蒸す。翁（呂翁—引用者注）は乃ち嚢中の枕を探りて以て之を授けて曰く、子吾が枕を枕せよ。當に子をして榮適志の如くならしむべし、と。其の枕は青甆にして、其の兩端を竅《あな》にす。生（盧生—引用者注）は首を俛して之に就くに、其の竅の漸く大にして明朗なるを見る。乃ち身を擧げて入り、遂に其の家に至る。数月にして、清河の崔氏の女を娶る。（中略）明年、進士に擧げられ、第に登り、褐を祕校に釋く。制に應じて、渭南の尉に轉ず。俄に監察御史に遷り、起居舍人・知制誥に轉ず。三載、出でて同州を典り、陜の牧に遷る。（内田泉之助・乾一夫著『新釈漢文大系第44巻・唐代伝奇』明治書院、1971年9月）

主人公の盧生は登り龍の調子で出世していた。途中に二回の左遷を経験したとはいえ、結局総理大臣にまで登り詰め、五人の息子を全員高官に就かせ、「燕国公」に封ぜられた。そして、最後に八十歳まで長生きし、皇帝の使者のお見舞いを受けた後、何の心残りもなく、安らかにこの世を去った。

『枕中記』における枕の孔は、また『南柯太守伝《なんかたいしゅでん》』における蟻の穴へと変形して生成している。

生巾を解き枕に就くに、昏然忽忽、髣髴として夢の如し。二紫衣の使者を見る。跪きて生を拝して曰く、槐安國王小臣《かいあんこくおうしょうじん》をして命を致して奉邀せしむ、と。生は覺えずして榻《とう》を下りて衣を整へ、二使に隨つて門に至る。青油の小車の、駕するに四牡を以てし、左右の従者七八人なるを見る。生を扶けて車に上らしめ、大戸を出でて、古槐の穴を指して去る。使者は即ち駆りて穴中に入る。生の意頗る甚だ之を異しむも、敢て問を致さず。忽ち山川・風候・草木・道路の人世と甚だ殊なるを見る。前行すること数十里、郛郭城堞《ふかくじょうちょう》有り。車輿・人物、路に絶えず。生の左右の傳者、傳呼すること甚だ厳にして、行く者も亦争ひて左右に闢く。又大城に入る。朱門・重楼、楼上に金書有りて、題して大槐安国と曰ふ。(同前)

ここの穴はもちろん枕の穴ではない。蟻の穴である。しかし、その穴に入ってからは、やはり「人世と甚だ殊なる」世界である。蟻の「大槐安国」では、淳于棼《じゅんうふん》は熱烈な歓迎を受け、国王の次女と結婚して駙馬《ふば》、そして南柯郡の太守となり、二十年間すばらしい政績を残した。妻が死んだのをきっかけに太守をやめて、妻の遺骸を都へ戻したが、国王は、彼の力が強すぎるのを恐れて彼を軟禁した。そして最後に、彼を故郷へと帰した。しかし、二十数年ぶりと思って帰ってきた淳于棼は「家の僮僕《どうぼく》彗《ほうき》を庭に擁し、二客足を榻に濯《あら》ひ、斜日未だ西垣に隠れず、餘樽尚ほ東牖《とうゆう》に湛ふるを見」ると、さすがに驚いてしまい、「夢中倏忽《しゅくこつ》、一世を度れるが若し」と嘆いてしまった。

もちろん、「壺中天」という世界は『壺公』『桃花源記』、それから『焦湖廟祝』、さらに『枕中記』『南柯太守伝』へと受け継がれている間に、次第に羨望の対象から儚さの象徴へと転落していったのだが、それにもかかわらず、壺という陶器によって触発された「壺中天」という考え方は、やはり時代を超えて中国人に多大な影響を与え続けていたのであった。

三

中国では、壺ないし土器の歴史が非常に古い。近年、中国南方の広西チワン族自治区の廟岩遺跡《びょうがんいせき》と柳州大龍潭遺跡《りゅうしゅうだいりゅうたんいせき》から一万六〇〇〇年前の土器の破片が出土し、また江西省万年県の仙人洞遺跡と吊桶環遺跡から、一万四〇〇〇年前の尖底土器が出土した。一方、日本でも、長野県下茂内遺跡《しももうちいせき》からは一万六〇〇〇年前の無文土器が出土した。東アジアでは、土器の焼成が非常に早かったというわけであるが、これはなぜであろうか？

この問題について、日本の環境考古学の大家安田喜憲氏はその著作『東西文明の風土』（朝倉書店、1999年11月）の第三章第三節で、こう分析している。

旧石器時代から新石器時代へと人類史が大きく転換するとき、まず人類は定住を開始する。そして、その定住革命は森の中で引き起こされた。東洋ではその定住革命を象徴するのが、土器の出現であったとみなすことができた。

農耕革命の前に、定住革命が存在したのである。そしてそれは森の中で生活した森の民によって始められ、土器を伴っていた。

これまで土器の出現と農耕の開始は、同時か土器の出現がやや遅れるという見方が主流を占めていた。しかし、東洋においてはまず土器がつくられ、定住革命が引き起こされ、その後に農耕が始まるのである。そしてその定住革命を可能にしたのは森の資源であった。森の資源の利用こそが、人類を狩猟採集の移動生活から定住生活へと大きく転換させる契機となったのである。もう一度いおう。農耕革命の前にまず定住革命と土器革命があったのである。そしてそれは森の中で引き起こされたのである。

この引用では、安田氏は繰り返し森という環境を強調している。中国日本を問わず、昔から窯業が盛んな所はいずれも森資源に恵まれているという点から見れば、安田氏の陶器の森起源説をよく理解することができる。

もちろん、森といっても、ここでは照葉樹林や亜寒帯針葉樹林ではなく、針葉樹と落葉広葉樹の混合林を指している。一万六〇〇〇年～一万三〇〇〇年前の土器の出現地も、一万四〇〇〇年～七〇〇〇年前の稲作の遺跡も、みなこの混合林地帯に入っているが、安田氏はこの事実をふまえて、さらに稲作の起源を分析している。

初期稲作農耕を誕生させた長江下流域の風土は、森と湖沼・草原という異質の生態系の狭間であった。華北のアワを中心とする農耕がマツとナラの針葉樹・落葉広葉樹の混合林と乾燥したヨモギ属を中心とする森林ステップの狭間で誕生したのと同じく、江南の長江下流域の稲作農業は、カシ類やシイ類を中心とする常緑広葉樹の森とイネ科やガマ科属などの生育する草原の狭間で誕生している。(同前)

異質の生態系の「狭間」には、稲作やアワ作などの農耕が誕生した。土器は森の中で生まれ、稲作農業は針葉樹・落葉広葉樹の混合林と湖沼・草原がモザイクに入り込んだ地帯に発生した、と安田氏は主張している。もちろん、筆者は安田氏のこの意見に賛成である。ただし、中国の「壺」も稲作農業と同様の環境の中で生まれたのだと補足して主張したい。

前にも述べたが、漢字「壺」の語源は「瓠」である。「瓠」は多義語であり、ヒョウタンのほかに、また夕顔や冬瓜を指す場合があるが、しかし、その主な意味はやはりヒョウタンである。そして、実際、ヒョウタンも稲作農業と同様の環境で育つ植物である。長江下流域の河姆渡遺跡はまさに山と河の「狭間」に位置し、そしてそこから、大量の稲や陶器とともに、ヒョウタンの皮や種が出土している。すなわち、そこは古稲の産地であるだけでなく、古陶の産地でもあった。稲作とヒョウタンと壺の本質的な絡み合いが、河姆渡遺跡に見事に現出したというわけだが、こうしてみると、中国の長江下流域では、ヒョウタンによって触発された壺の焼成と稲の栽培は、同様の環境の中でほぼ同時に行われ、しかも、稲作の祭祀用に壺が大量に焼成されたのだ、と結論づけられよう。

第七章

「ひがし」と「にし」

一

これまで、何回も「ひ」(日) と「み」(水) について述べてきたが、本章では、四つの方位詞「東西南北」を検討する意味でもう一度「ひ」(日) と「み」(水) について述べてみたい。

「ひがし」が「ひのし」の交替形か、それとも「ひむかし」の約音かについて意見が分かれているが、筆者は「ひむかし」の方が正しいと思う。

「神武東征」の出発地は「ひむか」(日向) である。しかし、この地名は現在「ひゅうが」と発音されている。すなわち、「むか」はその前の「ひ」と一体化した形で音韻的な変化が起こり、「む」が過度的な「ゅう」に変わり、「か」がその影響によって「が」と濁音化したのである。こうしてみると、「むか」は音韻的に「が」に変わることができ、「ひむか」はその後続する発音の有無や発音位置によっては、「ひが」に変わる可能性が充分あるわけである。

「ひがし」を「ひのし」の交替形と見る意見にしたがえば、「ひ」は「日」、「の」は「のしあがる」や「のぼる」の「の」、「し」は「しむ」(染む) の下略だと解釈される。「ひ」と「の」の解釈は一応理が通るが、「し」の解釈は成立しがたい。「し＋○」の語構成では、「し」が名詞であるので、「む」や「る」を後続してそれを動詞化することは当然できる。しかし、「○＋し」の語構成では、状況がまったく異なり、「し」は名詞ではなくなる。「○＋し」の語構成では、「し」は単なる状態接尾辞となってしまう。

筆者の考えでは、「あし」「いし」「うし」「こし」「はし」の中の「し」はみな状態接尾辞である。したがって、「○＋し」の語構成を持つ「ひのし」の「し」も例外ではない。それは単なる状態接尾辞であって、決して「しむ」の下略にはならない。要するに、日が昇って赤に染まった方向が「ひのし」または「ひがし」であるという解釈は、言語学的な根拠に欠けているのである。

それでは、「ひがし」が「ひむかし」であるという解釈は成立するのだろうか？前述したが、「ひが」は「ひむか」が音韻的に変化した結果だと考えられ、「し」は「日に向かっている」という状態を表す接尾辞である。したがって、朝日に向かっている状態が「ひがし」の原義である。そしてのちに、この状態から自然に方位意識が芽生え、「ひがし」で朝日の方向を表すようになったのであろう。

「にし」(西)も太陽と密接にかかわる方位詞で、しかも、その「し」は「ひがし」の「し」と同様、状態接尾辞である。

「にし」の原義について、清水秀晃氏は前掲の『日本語語源辞典』の中でこう解釈している。

> 「和（熟）級」ニはニキ（和・熟）、シは風を意味するアラシのシ（級門のシ）と同根でシナワカチ（級）＝ここではその方角の意。ニシとは太陽の光と一日の時間とがすっかり熟爛して、空の色も赤く熟す方角をいう。古くニシに金の字を当てるが、五行説から出た配置で、金はアキの万物成熟する季節の義でもある。

「にし」の「し」を「あらし」（嵐）の「し」と見る見解は納得できない。しかし、「に」の解釈は正しいと思う。第三章で数多くの例証をあげながら、「柔らかい物」が「に」の原義だと説明したが、物の柔らかい状態は、清水氏に言わせれば、「和」または「熟」の状態であろう。太陽が沈むときに、西の空がとろとろと赤く煮染まる。この状態を表すのが後続する「し」の役割であるが、この「し」によって、「にし」という状態が「ひがし」の反対側に表出された。そして、「にし」という状態がのちにまた夕日を表す方位詞に変わったのであった。

このように確認してみると、方向としての「ひがし」と「にし」は、最初はいずれも朝日と夕日の状態を表していたが、人間が太陽の運行方向が不変であることを認識した後、「ひがし」と「にし」も自然に太陽の運行方向を表す方位詞へと変化したのであろう。

二

漢字の「東」と「西」も太陽の状態を表しているはずだ。というのは、上古時代の遺跡には、ほとんど「東南」と「西北」の二方向しか存在しておらず、この事実は、上古時代のどの民族の方位意識も太陽、とりわけ朝日と夕日の運行軌道によって触発されたものだと説明しているからである。

辞書によると、漢字の「東」について、これまで二つの語源説が出されているという。一つは、「ふくろの両端をくくった形にかたどる。重いふくろをうごかすさまから、万物をねむりから動かす太陽の出る方、ひがしの意味を表す」（鎌田正・米山寅太郎著『漢語林』大修館書店、1987年4月初版）。もう一つは、「木の中間に日があることによって、日がのぼるひがしの方の意味を示す」（同前）。この二説の中では、筆者は二番目の説の方が正しいと考える。朝日が昇っている、その様子が木によって状態化されている―「東」の真ん中になぜ「日」が入っているかということを二番目の説は明快に説明しており、充分に説得力があると思う。

「西」については、これまで「酒などをこすための竹かごの形にかたどる。借りて、方位の西の意味に用いる」（同前）という一説しか出されていない。そして、この説は説得力が非常に弱い。西の方向を表すのに、なぜ酒を漉すための竹かごを持ち出さなければならないのだろうか？この問題を解決しない限り、この説はとうてい成立しないだろう。

甲骨文の「西」は「」と書き、金文の「西」は「」と書いている。甲骨文の「」の真ん中には「日」が入っており、しかも、この「日」が下の方へと落下している。この様子をよく表しているのが、字のセンターラインとなっているその下方向きの矢印と字の上方に描かれた三本の尻尾である。この「」はまさに夕日が沈んでいる状態を表しているのである。

金文の「」は水滴の形を呈している。しかし、それは決して水滴ではない。というのは、この水滴形の物の中には「×」が描かれており、これはすなわち古代人の家の屋根に交差している「ひぎ」である。その中に「ひぎ」が描かれている以上、その物は当然太陽である。そして、この太陽はどういう状態かというと、ちょうど水滴の形をして下降している。「」という字はすなわち夕日が沈んでいる様子を表現しているのである。

三

「ひがし」と「にし」はいずれも太陽と密接にかかわった方向である。それでは、残りの「きた」と「みなみ」はどうであろうか？

清水秀晃氏は前掲の『日本語語源辞典』の中で、「きた」について次のような意見を述べている。

> 「段」キ（段）は分段する。キル（切る）のキと同根。タ（手）は手で指標する方角、アナタ・コナタのタ。寒気きびしくて物を破り分かち、いたみつける方角の意。漢字の北ホクが背ハィの原字で、敗ル・ワカツの義をもつのを和訳したおもむきの語である。

「きた」の「た」は「手」の意味であり、方角を示すのだという解釈には賛成である。しかし、「き」は「切る」の「き」とは思わない。「きた」の「き」はもっと根元的にいうと、「木」の「き」であり、「方向を示す木」というのが「きた」の原義であろう。この見方が許されれば、「きた」はもともと特定の一方向を示す言葉ではなく、単なる方向を示す「木」だと結論づけられる。しかしその後、北を基準方向とする思想が日本列島に入り、それによって「きた」が特定の北方を示す方位詞となった。

この北を基準方向とする思想はすなわち中国の「坐北朝南」、支配者は北側に坐って南側に面し、順服した人民が北側に面して礼拝するのを見るという思想である。中国歴代の皇帝はみな「坐北朝南」で中国の人民を支配していた。もちろん、「東南」と「西北」の二方向しか存在しなかった上古時代には、支配者はいつも西側に坐って東側に面し、被支配者は東側に坐って西側に面していたが、神話の時代が終わり、歴史の時代が始まると、中国の王様たちは次第に「坐西朝東」から「坐北朝南」に変わった。前述したが、東と西は太陽の運行軌道に基づいた自然的な方向である。それでは、北は何に基づいた方向なのだろうか？

筆者の考えでは、北も太陽の運行軌道とかかわっている。ただし、北という方向は人間が意識的に太陽の運行軌道に背いて、新しい基準方向を示した方向であり、太陽の運行軌道、すなわち大自然の指図に従うのをやめて、自らの意志で太陽の運行を見おろし、自然界と人間社会を自分の支配下に置くといったような人間側の強烈な支配欲が、そこに感じられる。いってみれば、北という方向は自然的な方向ではなく、政治的な方向なのである。

政治的な基準方向だから、「基準」の意味が当然内包されている。和語の「きた」はすなわち基準を本義としているのであろう。和語には、「きたなし」という形容詞がある。「きたなし」を「きた」と「なし」に分解して見ると、その意味が非常に明確になり、すなわち「基準がない」ということになる。要するに、「きたなし」はもともと「汚れている様子」を表す言葉ではなく、基準や秩序がなく、大変混乱している様子を表す言葉なのである。

「みなみ」はもちろん「みづ」（水）とかかわっている。しかし、「みにはみ（見）るの意味があり、なみ（波）は海洋を示していますから、みなみ（南）は海の見える方位と解釈されるのが、妥当のようです」（望月長與著『一音語のなぞ』）と解釈されては、やはり問題がある。日本列島の東西南北にはみな海があるので、海の見える「南」はいったいどちらを指しているのだろうか？

「みなみ」の「み」は「水」の「み」である。しかし、ここの「み」は全く海や波と関係がなく、ただ水が人影を映すことから「見る」という意味で用いられているだけである。言い換えれば、「みなみ」はもともと海と全く関係のない言葉である。

「み」は「見る」を意味する。「なみ」は「なむ」(並む)の名詞形で、「なみ」の「な」は「なつく」の「な」である。こうしてみると、「みなみ」は「他人がなついているのを見おろす」という意味になり、人民たちが支配者に「なつき」、すなわち礼拝している様子を支配者は見おろすというわけである。支配者が北側に坐って南側に面しているので、礼拝する人民たちは当然見おろされる対面に位置する。人民たちのこの位置を「きた」の支配者から表現すれば、まさに「みなみ」、すなわち「見おろし」の位置である。したがって、「きた」の反対語は「みなみ」となった。要するに、「みなみ」も自然的な方位詞ではなく、政治的な方位詞なのである。

四

漢字の「北」と「南」は「坐北朝南」の思想によって生まれた典型的な政治的方位詞である。

「北」は二人の人が互いに背を向けている様子を示し、「背く」や「別れる」などの意味が自然に読みとれるが、しかし、この二人とはいったい誰と誰を指しているのだろうか?

筆者の考えでは、一人は太陽神を指し、もう一人は人間を指す。「北」という漢字はすなわち太陽神と人間が別れたこと、言い換えれば、人間が太陽神の運行軌道に背いて、人間自身の新しい基準を立てたことを意味しているのである。

「南」について、前掲の『漢語林』は「南」の甲骨文の構成に基づいて、「春になってしのび入り、草木の発芽を促す南風の意味から、みなみの意味を表す」と解釈しているが、筆者はこの解釈に納得することができない。もちろん、「草木」と「南風」の指摘は非常に興味深く、もし暖かい風がやさしく草木を吹いている様子が読みとれるなら、それは当然人民が支配者に順服している様子と通じ、「草木」と「南風」がその意味を表現するキーワードとして大いに活かされるのであるが、しかし、「南」の形をいくら分解して見ても、その様子が見えてこない。

一方、著名な漢字学者白川静氏は前掲の『字通』の中で、中国の古典をふまえて別の解釈を提示している。

> 鈎鐘形式の楽器の象形。古く苗族が用いていた楽器で、懸繫してその鼓面を上から鼓つ。器には底がなく、頸部の四方に鐶耳があり、そこに紐を通して上に繫けると、南の字形となる。殷の武丁期に貞卜のことを掌った貞人に㪇《なん》という人名があり、その字は南を鼓つ形に作る。〔説文〕六下に「艸木、南方に至りて、枝任あるなり」とし、任をしなやかの意に用いるが、苗族が用いた銅鼓は古くは南任とよばれ、いまもかれらはその器をNan-yenとよぶ。「南任」はその器名である。〔詩、小雅、鼓鍾〕に「雅を以てし南を以てす」とあって、単に南ともよばれた。〔韓詩薛君章句〕に「南夷の樂を南と曰ふ」とみえる。また〔礼記、明堂位〕に「任は南蠻の樂なり」とするが、南任がその正名である。この特徴的な楽器によって、南方を南といい、苗族を南人とよんだ。卜辞に「三南・三羌」のように、西方の羌人と合わせて、祭祀の犠牲に供せられるこ

とがあった。犬首の神盤古を祖神とする南人は、羊頭の異種族羌族とともに犠牲とされたが、牧羊族の羌人のように捕獲は容易でなく、卜辞にみえる異族犠牲は、ほとんど羌人であった。南方は一種の聖域と考えられ、〔詩、周南、樛木〕に「南に樛木《きうぼく》有り、葛藟《かつるい》之れに纍《まと》ふ」のように、南は、一種の神聖感を導く発想として用いられる。

この解釈の方がより合理的であり、「坐北朝南」の形成原因がそこに含まれているのではないかと考えられる。

人間は太陽の運行軌道に背いて、自分自身の方向を決めるとき、「坐南朝北」—支配者は南側に坐って北側に面する—を選んでもいいはずだが、しかし、事実「坐北朝南」—北側に坐って南側に面する—を選んだ。これはまず、この思想が中国北方の黄河流域に誕生したことを意味する。黄河流域の華夏族にとって、長江流域の苗族をはじめとした「南人」はいつも脅威となっており、黄帝と炎帝の戦い、黄帝と蚩尤《しゆう》の戦いがその証拠である。脅威だから排除しなければならないが、「朝南」はすなわちこのような「南人」に対する華夏族の警戒と、南方を支配し、脅威を徹底的に排除しようとする意志の表れである。もちろん、北側に坐れば、太陽の運行軌跡をよりよく見おろすことができ、これも太陽神をも眼下に置く意味で一つの原因となっていると思うが、ただ根本的な原因は、やはり「南人」の脅威であろう。「南」は「南人」の「鈞鍾」である。「南人」にとっては、この「鈞鍾」は先祖の魂を呼び覚ます神聖な鐘であるが、北方の華夏族にとっては、それはまさに「警鍾」である。

要するに、「北」と「南」の二方向を創出する上で、黄河流域の華夏族が持つ「天下」を支配しようとする政治的な欲求が決定的な役割を果たした。ある意味では、「東」と「西」はもともと長江流域の自然方向だが、「北」と「南」は黄河流域の政治方向だと言ってもよいのであろう。

第八章

「とら」は長江流域の合成語

一

日本列島には元来虎がいないのに、和語には「とら」という語がある。これはなぜであろうか？

二つの原因が考えられる。一つは、「とら」がもともと虎を指していたのではなく、別の動物を指していたということ、今一つは虎がいて、しかも虎を「とら」、あるいはそれに近い発音で呼ぶ所の人が日本列島にやってきたということである。

一番目の原因で考えれば、和語には、確かにその例がある。たとえば、現在、アリゲーターのことを「わに」という。しかし、古代では、「わに」はアリゲーターを指していたのではなく、鮫を指していた。今日でも、日本の多くの所では、人々はまだ鮫を「わに」と呼んでいる。日本列島には、もともとアリゲーターが生存しておらず、古代の日本人はアリゲーターのことをまったく知らなかったはずだ。要するに、日本列島にはわにがいないのに、和語には「わに」があるのは、「わに」は大昔わにを指していなかったことに起因しているのである。

こうして見ると、「とら」も「わに」に似ている可能性がないでもない。しかし、これまで「とら」はずっと虎を指しており、虎以外に、「とら」と呼ばれる動物は存在しなかった。すなわち、一番目の原因が存在しないのである。

それでは、二番目の原因が存在するのだろうか？上古時代から日本とずっと密接に関わってきた中国には、虎が生息しており、しかも南方の多くの民族が虎を崇拝している。中国南方に普遍的に存在した虎トーテムがその典型的な例証である。したがって、この二番目の原因についてよく考える必要がある。

二

現在、「とら」を純粋な和語と見て、「とる」（捕る）に通じていると主張する人がいる。しかし、前述した一番目の原因を考えると分かるように、この意見は成立しがたい。意義転化の前提がないかぎり、実物がないのに、それを指す言葉がどうして生まれることができよう。

「とら」を外来語と見る人もいる。ただし、「とら」がもともとどの言語であるかについては、まだ定説がない。『大言海』の著者大槻文彦氏は、「とら」を古代朝鮮語「つる」の転音だと見なしている。「つる」は「毛の斑」の意味があるから、意味的にも通じるわけだが、しかし、十世紀に成立した『倭名類聚抄《わめいるいじゅしょう》』は異なった見解を示し、「とら」は南中国の方言だと指摘している。

> 按ずるに宣四年左伝に云う、楚の人　虎を於菟《おと》と謂うと。方言に、江淮南楚の間、或いは之を於䖘《おと》と謂うと。王念孫曰く、今江南山辺、虎を呼びて䖘と為すと。則ち於䖘の於発語にして、猶越《なお》を謂いて於越《おえつ》と為すが如きを知るなり。然らば則ち倭名止良《とら》の止は即ち䖘、良は助語なり。（京都大学文学部国語学国文学研究室編纂『諸本集成・倭名類聚抄〔本文篇〕』臨川書店、1968

年７月）

この引用からも明らかなように、上古時代の長江中下流域では、虎は「と」（䖘）と呼ばれていた。当時、そこには、越族や苗族を主体とした楚人など今日中国では少数民族と呼ばれている民族が住んでおり、彼らは当然のことながら越語や楚語を話していた。越語や楚語は和語と同じく、もともと表出する文字がないため、のちにそれらが漢字で表出されるようになった時にその発音を正確に捉えられないことがしばしばあった。虎はその例である。漢字で越語や楚語の「と」を表出する場合、二字熟語「於䖘」と書かれることがあるが、しかし実際、「於」は発語にすぎず、実質的な発音は「䖘」、すなわち「と」だけである。こうして確認してみると、和語「とら」の「と」は、上古時代の越語か楚語の「䖘」から来たものだと判断できるのである。

第二章第四節で述べたが、今から二三〇〇年前、中国の「江南」地方または越地方から、移民が大量に日本列島にやってきた。もちろん、この大規模な移住にともなって、稲作だけでなく、長江中下流域の虎信仰も日本に伝わってきた。「とら」の「と」がその端的な証拠である。

三

『倭名類聚抄』によると、「とら」の「ら」は「助語」であるという。もちろん、「ら」は接尾辞としてよく名詞の後に付く。たとえば、「うら」（裏）、「くら」（倉）、「そら」（空）などの「ら」はつまり接尾辞である。しかし、筆者の考えでは、「とら」の「ら」はそれらと違う。「と」は南中国の越語や楚語、「ら」は和語の接尾辞という組み合わせは、理論的には可能性が低く、「ら」も「と」と同様、南中国の方言であると考えた方がより自然であろう。

1985年8月、中国彝族《いぞく》の学者劉尭漢《りゅうぎょうかん》氏は画期的な名著『中国文明源頭新探—道教と彝族虎宇宙観—』（雲南人民出版社）を出版した。劉氏はその第二章で次のような、ほとんど漢民族に知られていなかった事実を紹介している。

彝族は現在、長江上流域の四川省とその南に位置する雲南省および雲南省の東側に位置する貴州省に分布している。彝族は虎をトーテムとし、その口承史詩『梅葛』によると、虎は死ぬ時に、その体が様々な者に化生し、左眼が太陽となり、右眼が月となったという。彝族の考えでは、女は太陽の化身であり、左に居るが、月は男の化身であり、右に居る。彝族語の虎は「la」と発音し、漢字の「羅」「楽」「臘」「拉」「勒」「拶」「牢」「列」「李」は、いずれも「la」の当て字である。現在、雲南省楚雄県には、「哀牢《あいろう》」という名の山があり、その上には、「羅摩《らま》」という名の彝族の村がある。劉氏の説明では、「哀牢」と「羅摩」はいずれも漢字で表出された彝族語であるという。「哀」は「大きい」の意、「牢」は「とら」の意、したがって、「哀牢」の原義は「大虎」である。一方、「羅摩」の「羅」は「虎」の意、「摩」は「めす」の意、したがって、「羅摩」の原義は「雌虎」である。また、金沙江《きんさこう》と雅礱江《がろうこう》の分水嶺は「納拉山《ならさん》」という。劉氏の説明では、「納」は「黒」の意、「拉」は「虎」の意、したがって、その山の彝族語の原義は「黒虎山」である。

以上の内容を読んだ時、わたしは自然に日本のことを連想した。『古事記』では、黄泉の国から帰ってきたイザナギが川で禊《みそ》ぎを行なったが、左目を洗うと太陽神アマテラスオオミカミが現れ、右目を洗うと月神ツクヨミノミコトが現れ、鼻を洗うとスサノオノミコトが現れた。左目から太陽神が生まれ、右目から月神が生まれたことと、太陽神が女性で、月神は男性であることの二点では、『古事記』は彝族の口承史詩『梅葛』と全く同じである。漢民族の炎帝やギリシアのアポロなど、一般的には太陽神が男性である。しかし、『古事記』と『梅葛』では、太陽神は逆に女性となっている。創世神話のこの基本的な共通点は、大和民族の文化が彝族文化と本質的につながっていることを物語っているのである。

彝族語「虎」の実際の発音は「la」であり、日本語に直すと「ら」である。もしこの事を、両民族の創世神話の基本構造が同じであるということと結びつけて考えれば、上古時代の日本には、長江中下流域の越族や苗族の人々だけでなく、長江中上流域の彝族の人々もやってきたということがわかる。そしておもしろいことに、この二つの移民集団はともにトーテムとして虎を崇拝している。彝族の虎崇拝は、前に紹介した『梅葛』神話によって明らかになったが、越族と苗族を主体とした楚人の虎崇拝については、長江下流域の良渚遺跡から出土した「虎頭太陽紋」玉器や、「庚寅《こういん》」の日、すなわち「虎の日」に生まれ、楚文化を誇り高く謳歌した『離騒』の主人公から、われわれは確実な証拠を得ることができる。要するに、虎を意味する彝族語「ら」は上古時代に日本に伝わっており、「と」と「ら」が結合する条件が客観的に存在していたのであった。

もちろん、「と」はすでに虎を意味しているから、さらにその後に「ら」をつける必要はないのではないかと疑問に思う人がいるであろう。しかし、いつも大陸文化の波及的な影響を受けてきた古代日本の状況から考えてみると、別々に伝わってきた越語の「と」と彝族語の「ら」の結合はそれほど不可思議なことではないだろう。

倭人は帯方東南の大海の中に在り、山島に依りて国邑を為す。旧きには百余国、漢の時に朝見者有り。今、使訳の通ずる所は三十国。

これは『魏志倭人伝』冒頭の記録である。漢代まで、日本列島に一〇〇あまりあった国が、三国時代には、魏と交流する国は三〇ほどになっていた。この記録は簡単ではあるが、それからは、日本列島での国の統合過程の一端が読みとれる。今から二三〇〇年前から秦の始皇帝が中国を統一した紀元前221年までの日本列島では、次から次へと逃亡してきた長江流域の移民集団によって、民族あるいは地域を分けて一〇〇あまりの国家が創られた。紀元前221年から三国時代が開始した紀元後220年までの四〇〇年間に、その一〇〇あまりの国家が次第に民族や地域を超えて、より大きな国家へと統合され、最後に三〇ぐらいになった。『魏志倭人伝』に記録されたこのような時代背景を念頭に入れて考えると、「とら」という語は、まさにこの民族や地域を超えた国家統合の過程において誕生したシンボル的なキーワードなのだといえよう。

四

周知のように、神武天皇が東征を終えて大和国を樹立した所は「なら」盆地である。現在、「なら」は「奈良」という当て字を使っているが、しかし上古時代には、その当て字として「奈良」のほかに、また「那羅」「諾楽」「寧楽」「乃楽」が使われていた。この五種類の当て字の中で、「那羅」は一番古く、八世紀の『日本書紀・崇神天皇』にも、その用例が見られる。

則ち精兵を率いて、進みて那羅山に登りて軍す。時に官軍屯聚みて、草木を蹢跙《ふみなら》す。因りてその山を号《なづ》けて、那羅山と曰ふ。蹢跙、此をば布瀰那羅須と云ふ。（坂本太郎・家永三郎・井上光貞・大野晋校注『日本書紀（一）』岩波文庫、1994年9月）

この引用、とりわけ「草木を蹢跙す」をふまえて、『大言海』は、「なら」は「ならす」の約音だと主張している。もちろん、以上の引用に基づいて考えれば、この意見は一応成り立つ。しかし、この説明はどう考えても後から付会した感じがして、「なら」の地名としての神話的・俗信的な深みが見られない。坂本太郎・家永三郎・井上光貞・大野晋の四氏も当該箇所の注釈で、「以下の地名の説明はみな付会の起原説話」と指摘している。要するに、「なら」の原義は決して「ふみならす」ではないと結論づけられるのである。

これまで紹介してきた彝族語の中には、実際「なら」という発音がある。すなわち「納拉山」の「納拉」であり、その意味は「黒虎山」である。虎を意味する彝族語の「ら」の当て字は「拉」のほかに、また「羅」「楽」「臘」「勒」「撈」「牢」などがあるが、大和国の都「なら」の当て字と虎を意味する彝族語「ら」の当て字を比較してみると、両方に「羅」と「楽」が入っていることが明らかである。これは単なる偶然であろうか？もしかしたら、大和国の都「なら」の原義は彝族語の場合と同じく「黒虎」ではないだろうか？大和民族の創世神話と彝族の創世神話がこれほど酷似しているからには、創世時代に決めた地名に、彝族語が用いられていても何の不思議もない。いや、記念的な地名としては、むしろ非常に自然だといった方がよかろう。

五

前述したが、彝族は虎をトーテムとしている。もちろん彝族だけではなく、実際、上古時代の長江流域に生活していたほとんどすべての民族は、みな虎をトーテムとしていた。このような広範囲にわたる虎信仰が存在していたからこそ、南中国に生まれた代表的な思想—道教は、いつも虎のイメージを伴っているのである。

劉尭漢氏は前掲の『中国文明源頭新探—道教と彝族虎宇宙観—』の第三章で、道教の創始者老子の名前について次のような論考を繰り広げている。

紀元前の諸子百家時代、孔子、孟子、墨子、老子、荘子など数多くの賢人が現れた。一般的には、人々は賢人たちに敬意を表すために彼らの名字の後に「子」を付けていたが、老子の場合は少し特別であった。司馬遷の『史記・老子韓非子列伝』によると、老子の名字は「李」、名は「耳」という。老子の名字は「李」なのに、なぜ「李子」と呼ばれず、「老子」と呼ばれたのだろうか？劉尭漢氏はまず陳独秀の『老子考証』を借りて以上の疑問を提出し、次に高亨の『史記老子伝箋証』を引用して、「余が謂うに、老と李は一声の転、老子元来老と言い、のちに音便を以て変わりて李となる。二を有するにあらざるなり」という結論を紹介した。

先人の研究成果を肯定的に紹介した後、劉氏は1982年、雲南省の雑誌『民族文化』第五期に発表した彝族学者畢志峰《ひつしほう》氏の論文『彝族と虎』をとりあげ、「臘」「拉」「勒」「撈」「老」「李」「列」「黎」「羅」「廬」などはみな「一声の転の漢訳彝族語音である」というこの論文の結論を紹介した。

こうして検討した後、劉氏はさらに次のような結論を出した。

「老子」の名字は「老」でもあり、「李」でもある。すなわち、いずれも当て字にすぎない。「老」と「李」に当てられた彝族語は、いずれも「虎」を意味する「la」なのである、と。

こうなると、老子本人ないし道教は彝族と密接にかかわってくることになる。老子本人と彝族の関係については、筆者は分からない。しかし、道教と虎の関係は確かに緊密である。たとえば、『水滸伝』第一回では、洪太尉が江西龍虎山に登って道教の天師さまに会いに行く途中、天師さまが虎に変身して躍り出て洪大尉を驚かせているが、ここには道教と虎の緊密な関係がはっきりと現れている。その後、天師さまは都に行って「羅天大醮《らてんだいさん》」を執り行い、疫病を追い払ったが、ここの「羅天大醮」の「羅」も語源的には「虎」を意味する彝族語「la」に由来しているように思われる。

彝族の神話的思考によると、虎は人間の祖であり、人間は死ぬと、虎という本来の姿にもどるという。また『淵鑑類函《えんかんるいかん》』巻四百二十九の虎の項によると、雲南、江陵、尋陽など中国の南方には、人が虎に化けたり、虎が人に化けたりする伝説は非常に多いという。中国の南方では、虎は普遍的な信仰対象となっており、そして、この虎信仰によって、人虎伝説が数多く生まれていたのだが、この文化的コードで解読すると、中国唐代の伝奇小説『人虎伝』は、まさに中国南方の虎信仰を背景にして創作されたものだといえよう。

『人虎伝』の主人公李徴《りちょう》は性格が狷介なので、結局立身出世のコースからはずれ、発狂して虎になった。人間の本来の姿として虎を採用した点で、『人虎伝』は明らかに中国南方の人虎伝説をふまえているのである。

主人公の姓は「李」という。「李」は彝族語「虎」の当て字の一つであるから、主人公が「李」を名乗っているということ自体はすでに民俗学の次元から、主人公が虎に化けることを暗示している。そして、李徴が発狂した場所は南方の「呉楚」であるから、大きな文化的背景から言っても、李徴が虎に化けたということは非常に理にかなってるといえよう。

第九章

ニニギノミコトの出身

一

これまで、何回も天照大神の孫ニニギノミコトの降臨にふれてきた。彼が海外から黒潮に乗って宮崎に移住してきたことは明瞭であるが、しかし、彼がいったいどこから移住してきたかについては、まだ定説がない。『古事記』では、彼が「筑紫の日向の高千穂の霊じふる峰」に降臨したのは、「此地は韓国《からくに》に向ひ笠沙《かささ》の御前にま来通りて、朝日の直《ただ》刺す国、夕日の日照る国なり」と説明され、「韓国に向」かっていることが一番重要な理由として最初にあげられているが、ここの「韓国」はいったいどこを指しているのだろうか？外国一般と理解する人もいるし、朝鮮を指していると主張する人もいる。しかし筆者は、ここの「韓国」は中国の長江流域を指しているのだと考える。

ニニギノミコトと木花佐久夜毘売《このはなのさくやびめ》の一夜婚によって三人の子供が生まれ、長男は「火照命」（ほでりのみこと）、次男は「火須勢理命」（ほすせりのみこと）、三男は「火遠理命」（ほをりのみこと）とそれぞれ名付けられた。いずれの名前にも「火」の字が入っているが、しかし、その「火」はいずれも「ほ」と発音されており、「ひ」とは発音されていない。和語の世界では、「ひ」と「ち」と「み」はずっと最重要の神霊として崇められているので、太陽神の子供なら、当然その名前に「ひ」を用いるはずである。しかし、事実はそうではなく、逆に一般的でない「ほ」を用いたのであった。実は、彼らの父親であるニニギノミコトの正式名にも「ほ」という発音が入っており、『古事記』では「番」（天津《あまつ》日《ひ》高《こ》日《ひ》子《こ》番《ほ》能《の》邇邇藝命《ににぎのみこと》）、『日本書紀』では「火」（天津彦彦火瓊瓊杵尊）という字が当てられている。この事実を確認してみると、ニニギノミコトの息子たちの名前の「火」の発音はそのままその父親から受け継いだものであり、親子二代にわたって、故意に「火」を一般的でない「ほ」と発音しているということが明らかになった。

『広辞苑』によると、「ほ」は「ひ」の古形だという。しかし、筆者はこの意見に賛成せず、「ほ」はもともと和語ではなく、長江下流域からの外来音だと考えたい。

中国の長江下流域では、漢字は昔も今もみな越語音（日本では、呉音という）で発音されている。越語音で「火」という漢字を発音すると、「həu」となる。そして、この「həu」を和語音に直すと、「ほ」になるはずである。もし越語音ではなく、上古時代の漢語音で発音すると、「火」は「huəi」（前掲の『漢字古今音表』による）となる。こうして確認してみると、「火」の「ほ」音が長江下流域からの外来音であることが明らかになるが、ニニギノミコトが自分の名前と自分の子供の名前に故意に「火」の越語音「ほ」を入れていることから判断すると、彼は長江下流域から移住してきた越族の人にちがいない。木花佐久夜毘売は「桜ちゃん」の意味で、現地の可愛い女の子である。越族の男と日本の女の子が結婚して生まれたのがこの三人の息子である。ハーフだから、ハーフの名前としては、越語音と和語音が混ぜられているのが一番適切なわけである。そして、このことからも分かるように、冒頭で問題にしたその「韓国」は決して朝鮮を指しているのではなく、ニニギノミコトの故郷である中国の長江下流域を指しているのである。故郷に向かっているからこそ、ニニギノミコトが「筑紫の日向の高千穂の霊じふる峰」に降臨したのであった。場所は異なるが、山口県の土井が浜遺跡で発見された移民たちの死体は、頭がほとんど西の方に向いている。民俗学的には、これは彼らが西の方から日本列島に移住してきたものであり、西の方には彼らの故郷があるということを意味するが、この事例からも、移民にとって故郷の方向、あるいは故郷に向くという行為がいかに重要であったかがよく理解できるであろう。

二

火遠理命（山の幸）は火照命（海の幸）の釣り針をなくした。そして、しつこく元の釣り針を賠償しなさいといわれたので、泣きながら海辺にやってきた。「どうしよう」と困っているところ、「塩椎神《しおうちのかみ》」がやってきて、神秘的な小舟で彼を海神の宮殿に行かせた。彼は到着すると、「塩椎神」から教えられたとおり、まずその玄関の井戸のそばに植えられている「湯津香木」（ゆつかつら）に登ってその枝に坐った。「かつら」というと、多くの人が「桂」を連想するが、『古事記』の中の「ゆつかつら」や「かつら」は「桂」ではない。倉野憲司氏が『古事記』（岩波文庫、1963年1月）の該当箇所の注で指摘しているように、それらはみな「枝葉の茂った楓」なのである。

楓だとすれば、なぜ「楓」と書かず、わざわざ「香木」と書かなければならないのだろうか？この書き方には、また民族的な出自を示す情報が含まれているのだと筆者は考える。

ここの「香木」、すなわち倉野氏の言う「枝葉の茂った楓」は、実は日本列島の至る所に見られる「かえで」ではなく、中国の長江流域に行って始めて見られる非常に太くて高い楓である。そして、この楓は香りがする脂を出すので、長江流域では、「楓香樹」と呼ばれている。「楓香樹」の「香」と『古事記』中の「香木」の「香」が共通しているのである。長江中流域の苗族はこの「楓香樹」を非常に崇拝しており、苗族の始祖「胡蝶母」はこの「楓香木」から生まれ、死後またこの「楓香樹」に入ったとされている。「楓香樹」はだいたい村の入り口か、一番高い処に植えられ、村の標識としても用いられていたが、今日でも苗族の村々はなおこの習慣を守り続けている。こうして見ると、自分の宮殿の玄関前に大きな楓を植えている海神は、苗族であると考えられる。越族の血筋を引いた火遠理命は、その後また苗族の豊玉毘売《とよたまびめ》と結婚することになるが、ここには、移民と現地の人の結婚だけではなく、移民の二世同士の結婚も行われていたという当時の宮崎地域の状況がはっきりと反映されているのである。

三

『古事記』で「かつら」と訓読されている神聖な木は、実は苗族の崇拝した「楓香樹」であった。「かつら」と「楓香樹」のこの意外な関係が明らかになると、筆者は五世紀の奈良で天皇の外戚として大いに活躍した豪族「かづらき」(葛木、葛城)氏のことを思い浮かべた。佐伯有清編『日本古代氏族事典』(雄山閣、1994年10月)所引の『先代旧事本紀』によると、この「かづらき」氏は「剣根を以て命じ、葛城の国造と為す。即ち葛城直の祖なり」という。「葛城」はもともと「葛木」と表記されていた。「葛木」という当て字が示しているように、この氏族は「かづら」という木を崇拝しているが、

「かづら」と苗族の崇拝した「かつら」(楓香樹)の間には一音の清濁の差しか存在せず、同じ木を指していると考えられる。すなわち、「かづらき」氏は長江流域から奈良盆地に移住してきた苗族の一部だということになる。

「かづらき」氏は「剣根」(つるぎね)にもとづいて命名されたとされているが、「剣根」とはいったい何を指しているのだろうか？第四章で述べたが、「ね」の原義は稲の「ね」である。だとすれば、「剣根」は剣のような稲だと直訳できる。稲は細長く、稲穂の芒《のぎ》も尖っていて、確かに剣に喩えられるが、苗族が祭祀のときに「ちがや」(茅)という稲の予祝物を伝統的に用いていることと結びつけて考えると、ここの「剣根」はむしろ「ちがや」の方を指しているのではないかと思われる。日本の著名な民俗学者萩原秀三郎氏はその著作『稲と鳥と太陽の道―日本文化の原点を追う―』(大修館書店、1996年7月)の第三章で、苗族と「ちがや」の関係についてこうまとめている。

> チガヤは信仰面からざっと三つの機能に分けられる。一つは、稲の予祝である。正月、祭場にチガヤをさして稲が丈夫に育つことをあらかじめ祈ったり、田植えの前に田の東端にチガヤをさし、「今日はじめて田植えをします。今後イネを、この草のように丈夫に成長させて下さい」と祈る。こうして、苗を東から西へと植えてゆく。これを漢語で開秧門という。
>
> 二つ目は神の依り代として霊力ある標識となる機能。田の中に竹をさしチガヤ・鳥の白い羽毛・数個の卵と白紙を幣束状につけて田の守護神とする。(中略)
>
> 三つ目の避邪の機能は、チガヤが葉先が鋭い植物で剣のよ

うな働きをすると考えられていることと関係する。チガヤを輪に結んで、女性が頭につけると、病気にかからないという。子どもを背負って家路につくとき、おんぶ紐のところにチガヤをさして魔除けとする。村境の道に藤づるを渡しチガヤを数本つり下げて除災とする。旅行中に生水を飲むときはチガヤでかき回し、病気にかからない呪いとする。二つ目の標識の機能と三つ目の避邪の機能は兼ねる場合が多い。

萩原氏はこのようにまとめた後、また、「正月に、庭先にチガヤを植え稲の予祝とする習俗は全国にある」など、日本のチガヤ信仰も苗族のそれとほぼ同様だと指摘している。実際に、日本に住む外国人であれば、だれでも次のような風景を見たことがあるだろう。日本各地の氏神神社はお祭りの数日前、まず稲縄でお守りの区域を結界し、その稲縄に白い紙で作った先が尖っている紙切れをつける。それらの紙切れは何だろうと不思議に思った外国人が多いだろうが、日本のチガヤ信仰と結びつけてみると、それらは「ちがや」（茅）の代替物にちがいない。「ちがや」で結界するという点では、ヤマト族と苗族は全く共通しているのである。

要するに、『先代旧事本紀』に出た「剣根」という語は、「ちがや」を指す可能性が高く、そしてこの「ちがや」は稲の予祝物として稲作と密接にかかわっているのである。

苗族は稲作の最初の担い手であり、今日でも「ちがや」を稲の予祝物や神域結界の標識として用いているが、この意味で用いられている「ちがや」は「かづらき」氏の民族的根拠として古代の大和国に認められた。この事実もまた、「かづらき」氏が苗族であることを端的に物語っているのであろう。

第四章で指摘したが、九州の「なのくに」（奴国）は苗族が創った国家であった。現在、奈良の「かづらき」氏も苗族であるということが分かった。長江中下流域から日本列島に移住してきた苗族の足跡を二つ明らかにしたわけだが、今後は、両者の関係、とりわけ「なのくに」の畿内への移転があったかどうかについて詳しく調査したい。

四

火遠理命は海神の宮殿に三年住んだ後、また故郷に帰った。続いて妊娠した豊玉毘売も来て､鵜の羽で葺いた産屋に入って子供を産むが、その時、彼女はワニという原形にもどっていた。

日本列島はアリゲーターの生息地ではない。したがって、古代の日本人はワニが何であるかがわからなかったはずだ。もちろん、一部の地域の日本人は伝統的に鮫のことをワニと呼んでいるから、ここのワニは鮫を指しているのではないかと考える人がいる。『古事記』でも、ここのワニが確かに「鮫」と表記されている。しかし、「櫛名田比売《くしなだひめ》」を「奇稲田姫」に変え、「木花佐久夜毘売」を「木花開耶姫」に変えたことによって『古事記』の表記の意味をさらに明確にしようとした『日本書紀』では、「鮫」という表記が「鰐」と改められている。すなわち、ここの鰐は鮫ではなく、アリゲーターだと『日本書紀』の編集者は特別に強調しているわけだが、この点を重視して考えてみると、海神の宮殿は日本列島以外のどこかにあったにちがいなく､アリゲーターが生息した長江流域にあった可能性が非常に高い。さらに海神の宮殿前の「楓」―「かつら」が示している苗族という民族性と結びつけて見れば、ここの鰐は「揚子江鰐」を指しているにちがいなく、豊玉毘売はすなわち長江流域に住んでいた苗族酋長の娘だと結論づけられるのである。

ワニという原形になって子供を産んでいる間にのぞき見されたという理由で、生まれた子供鵜葺草葺不合命《うがやふきあえずのみこと》の面倒を見ずに故郷に帰った豊玉毘売は、その後妹の玉依毘売《たまよりびめ》を送って鵜葺草葺不合命の面倒を見させたが、鵜葺草葺不合命が成人した後、玉依毘売はまた自分が面倒を見た彼の妻となった。現代人のわれわれからみると、この婚姻形態は理解しがたい。しかし、苗族の元居住地である長江中流域の湖南省の田舎では、自分の夫より七、八才年上の女性は、将来自分の夫となる男がまだ赤ちゃんの時にその男の家に嫁いでいって彼の面倒を見て、彼が成人した後に正式に式を挙げて彼の妻となるという婚姻形態が、1920年代にいたるまでかなり一般的であった。中国の近代小説家沈従文《しんじゅうぶん》は湖南省のこの婚姻形態を題材に小説『蕭蕭』を著している。したがってこの意味では、玉依毘売と鵜葺草葺不合命の結婚は、まさに長江中流域のこの伝統を引いていたのだといえよう。

このようにニニギノミコトおよびその子孫の行状を詳しく検討してきた結果、中国長江流域の越族や苗族との濃密な関係が浮き彫りになったのだが、最後に、われわれはもう一度「ニニギノミコト」という名前の意味について考えてみよう。

五

『古事記』では、ニニギノミコトが「邇邇藝命」と表記されている。「にぎはふ」という言葉からも分かるように、「ににぎ」は豊饒の意、すなわち「ににぎのみこと」は豊饒神なのである。彼の降臨した場所は「高千穂」という。「高千穂」の「高」は言うまでもなく「高い」を意味する。「千」は第四章で述べたように、神霊あるいは蛇を意味する。「穂」は稲穂のことである。これらを合わせて考えると、「高千穂」は海抜が高く、神秘な稲穂がある所であるということになり、「ににぎのみこと」は稲作の豊饒神であると断定できるのである。

一方、『日本書紀』では、ニニギノミコトはまた玉と関わる人物として「瓊瓊杵尊」と当てられている。辞書によると、「瓊」は「赤玉」であるという。「杵」は臼突き棒のことである。すなわち、「瓊瓊杵」は「赤玉製の臼付き棒」であるということになるが、これはニニギノミコトが米つきの姿をする神様であると同時に、また彼が赤玉を産出する稲作地域から移住してきたことを示しているのである。

赤玉といえば、長江下流域（現在の浙江省昌化県《しょうかけん》）の「鶏血石」が思い出される。「鶏血石」は鮮やかな鶏血の色を呈しており、まさに「赤玉」と称されるべきものである。筆者の想像では、ニニギノミコトはすなわちこの「鶏血石」で作った儀式用の米つき棒を持って、長江下流域から日本列島の宮崎に移住してきたのである。

長江下流域は玉の産地であり、浙江省余杭県《よこうけん》の良渚遺跡《りょうしょいせき》から玉の璧や琮《そう》が大量に出土している。この玉の背景と前述した「火」の越語的発音「həu」および稲作の豊饒神という彼の神格から総合的に判断すると、ニニギノミコトの出身地は長江下流域にちがいあるまい。

米つき棒を持つ姿のニニギノミコトは、その後高千穂地域を根拠地にして勢力圏を次第に全九州ないし西日本へと拡大していったのだが、その足跡として、「つき」「つく」「ちく」「すき」などが付く地名や神名がたくさん現れた。すなわち、その地名や神名の中の「つき」「つく」「ちく」「すき」などはいずれも「瓊瓊杵」の「杵」に基づいているものと考えられる。日本の碩学金関丈夫氏はかつて『「杵築」とは何か』というエッセーの中で、この問題にふれている。

『古事記』によると「ムナカタ」氏が祭祀したという筑前の宗像神社の祭神の一人「イチキシマヒメ」というのは、宗像三女神のうちで、後世にもっともポピュラーになり、この一族の発展に伴って数多くの「イツクシマ」神社を各地に創らせたのであったが、この「イチキシマ」の「イ」は単なる接頭音であり、「チキ」とか「ツク」とかに語根がある。私の考えでは、この「チキ」「ツク」などという語と、筑紫の「ツク」また九州地方の地名に多い「ツキ」例えば秋月、古月、香月、杵筑、「シキ」例えば伊敷、一色、「スキ」例えば臼杵、指宿、「チキ」例えば市来、加治木、「チカ、シカ」例えば値賀島、志賀島などとは関係があり、これらの音で表わされる名を冠した一つの強力な海洋部族があったかと思う。出雲地方へ北九州の青銅文化をもたらし、出雲の海辺の一角に定着して「杵築」の地名をのこしたのも、恐らくこの一族ではなかったか。
（金関丈夫著、大林太良編『木馬と石牛』岩波文庫、1996年10月）

金関氏のこの意見は非常に正しいと筆者は思う。そして、金関氏の推測したあの「強力な海洋部族」はほかでもなく、赤玉の米つき棒を持って長江下流域から降臨してきたニニギノミコトの一族なのであろう。

終　章

龍の起源は蛇ではない

本章は龍の起源の究明を目的とするが、これはなかなか容易ではない。なぜなら、資料的にはもともと龍ではないものが龍と呼ばれる場合が多く、しかも、それが中国文化の「南北対立構造」とも密接にかかわっているからである。

これをふまえて、本章ではまず龍と呼ばれるが実際は龍ではない物を排除し、次に中国文化の「南北対立構造」を導入して、その「南北対立構造」の中で龍の起源を究明することにしたい。

一

東晋の歴史家干宝は怪異な伝説を集めて『捜神記』を著したが、その巻十四の第三四八番には、次のような話が記録されている。

晋の懐帝の永嘉年間に、韓媪《かんおん》と呼ばれる女が野原で巨大な卵を見つけた。持ち帰って育てたところ、人間の赤ちゃんが生まれたので、撅児《けつじ》と呼ぶことにした。

この子が四歳になったばかりのころ、劉淵が平陽城を築こうとしたが、なかなか完成しないので、築城のじょうずな者を募集した。撅児はそれに応募し、蛇に姿を変えると、韓媪を助手にして、自分のはったあとに灰でしるしをつけさせ、「灰の線どおりに城を築けば、すぐにできあがりますよ」と言ったが、けっきょくその言葉どおりに城は完成した。

ところが淵は怪しいやつと疑いをかけたので、蛇は山の洞穴に逃げ込んだ。ただ尾が二、三寸外に出ていたのを、淵の追手が斬りおとすと、とつぜん洞穴のなかに泉が湧き出し、それがたまって池になった。そこでこの池を金竜池と呼ぶようになったのである。（竹田晃訳『捜神記』東洋文庫・平凡社、1964年1月初版）

撅児は蛇である。しかし、撅児の尻尾によってできた池は「金竜池」と呼ばれている。ここでは、「竜」が明らかに蛇の美称として用いられているわけだが、われわれは龍の起源を究明する場合、このような美称としての龍を排除しなければならないのである。

中国南方の人々、たとえば苗族の人々が崇拝している龍も、実質的には殆ど足のない蛇であり、この点をわれわれははっきりと確認しておく必要がある。しかしそれにしても、苗族の人々はなぜ蛇を龍と呼んでいるのであろうか？

筆者の考えでは、これは中国文化の「南北対立構造」によるものである。拙著『日中文化の源流―文学と神話からの分析―』（白帝社、1996年6月）で詳述したが、中国には、もともと黄河流域の北方文化圏と長江流域の南方文化圏が存在していた。北方文化圏は龍神文化であり、その支配者が黄帝である。南方文化圏は太陽神文化であり、その支配者が炎帝である。黄帝と炎帝が争った結果、黄帝がうち勝ったので、龍神文化がついに中国の正統な文化となった。したがって、人々は龍神文化という枠の中で自分たちの崇拝物を命名する際に、自然に美称として龍という漢字を用いたがったのである。言い換えれば、龍神文化が正統な文化になった以上、それに合うように崇拝物を命名するのが、命名行為の大前提となっていたのである。中国南方の人々が蛇を龍と呼ぶという現象の背後には、すなわち北方の龍神文化の正統性への従順が存在していたのである。

二

龍と蛇の関係は密接であるように見える。しかし第一節で述べたように、それはあくまでも形容詞的な美称関係にすぎない。龍と本質的な関係を持つ動物は、むしろ鯉、馬、羊、鹿の方だ、と筆者は考える。

龍と鯉の関係を論じた最古の文献は、宋代の陸佃《りくでん》が著した『埤《ひ》雅《が》』である。その巻一『釈魚』の龍の条には、このような記述がある。

龍、八十一鱗、九九の数を具え、九陽なり。鯉、三十六鱗、六六の数を具え、六陰なり。

『埤雅』では、龍と鯉は共に「魚」の部類に入れられているが、蛇は「虫」の部類に入れられている。現在、龍の原型は蛇だと一部の学者は考えているが、それは事実ではない。昔の中国人の考えでは、龍と蛇は同類でさえなかったのである。

龍は魚の鯉と同類である。したがって、蛇よりも鯉の方が龍の起源に本質的な関わりを持っていると考えた方が妥当である。

龍が「九九の数を具え、九陽なり」という解釈には、重大な情報が含まれている。第一節で述べたとおり、中国の北方は龍神文化である。実際、この龍神文化の中では「九」が神聖な数字と見なされ、

「九」は直接龍とつながっている。龍神文化の支配者黄帝は、「龍身而人頭」(『山海経・海内東経』)の姿をしている。そして、この黄帝はのちに皇帝となったわけなので、中国歴代の皇帝はみな「真龍天子」と自認し、漢代の初代皇帝劉邦のように直接龍に誕生の一役を求めた皇帝さえ現れたほどであった。昔、皇帝は九匹の龍の模様が刺繍してある「九龍袍」を着ていた。明・清両代の皇帝の居城「紫禁城」には、九千九百九十九の部屋があり、城門には縦九×横九の門鋲が打たれている。「紫禁城」には、また瑠璃瓦でできた「九龍壁」がある。これらはすべて龍神文化における龍と「九」の緊密な関係を示しているのである。

中国北方の龍神文化が「九」を神聖な数字と見なしているのに対して、中国南方の太陽神文化は「八」を神聖な数字と見なしている。これは「八」を重んじる「八卦思想」が中国の南方に生まれたという事実を見るだけでも、太陽神文化における「八」の神聖さが理解できるであろう。そしてこの「八」を神聖視する中国南方の太陽神文化は、そのまま日本の太陽神文化ともつながっており、日本の神話によく用いられた「八尋殿《やひろどの》」「八千戈《やちほこ》」「八尺鏡《やたのかがみ》」「八咫烏《やたがらす》」などの言葉が、その証拠となっている。

このように確認してみると、龍が「九陽」と呼ばれていることは、まさに龍が中国北方文化の神髄であることを意味しているのである。

龍が「九陽」であるのに対して、鯉は「六陰」である。この性質上の陰陽の相違が、前掲の『捜神記』にもはっきりと認められる。その巻七の第一八三番の話は、こうである。

太康五年正月、二匹の竜が宮中の武庫の井戸のなかに現われた。武庫とは、帝王の威儀を示す御物をたいせつにしまっておく場所であり、建物も奥深く厳重で、竜などの住むはずがないところである。

その後七年たって、地方の王がたがいに傷つけあった。二十八年後には、果して二人の異民族が天子の神器を盗んだが、二人とも字は竜であった。(前掲の竹田晃訳『東洋文庫・捜神記』)

また、第一八六番の話を見てみよう。

太康年間に、鯉が二匹、武庫の屋根の上に現われた。武庫は兵器の倉庫であり、魚には鱗があるから、やはり兵器のたぐいである。だいたい魚は陰気の極まったものであり、屋根の上は陽気のはなはだしいところであるから、魚が屋根の上に現れたのは、陰気の極致が戦争によって陽気を犯すことを意味している。

やがて恵帝のはじめになると、皇后の父楊駿を誅した際に、宮中の門の上を矢が飛び交う事態が起こり、皇后は庶人に降され、ひそかに毒を盛られて死んだ。

また、元康の末には賈后が政治の実権を握って、太子を誹謗して殺したあげく、やがてみずからも誅せられてしまった。(同前)

前の話では、龍は男の予兆で陽を代表しているが、後の話では、鯉は女の予兆で「陰気の極致」を代表している。武庫の屋根の上に鯉が二匹現れたため、皇后側の専権があり、殺し合う事態になってしまったのだが、『捜神記』のこのような記述は『埤雅』の記述と完全に合致しており、龍と鯉がずっと昔から、陽と陰の一対として考えられていたことがわかる。

龍と鯉は性質を異にしている。しかし、陰から陽への転換が全く不可能というわけではなく、鯉はある条件を満たせば、龍にもなれる。前掲の『埤雅』巻一『釈魚』の鯉の条では、その条件についてこう記されている。

> 俗説に、魚　龍門に躍りて過ぐれば龍と為り、唯鯉のみ或いは然り。亦其の寿千歳に至る者有り。（中略）殆ど亦龍の類なり。是を以て仙人　龍に乗り亦或いは鯉に騎り乃ち山湖を飛越するに至る。（同前）

これは「登龍門」の原型であるが、この話から明らかなように、「龍門」を飛び越えられるかどうかが、鯉が龍になれるかどうかの条件である。もちろん、鯉は陽の極致を代表する龍と異なり、陰の極致を代表している。しかし、鯉は昇天志向を持つ大魚であり、「龍門」を飛び越えれば、その時点で陰の鯉が陽の龍に変わるのである。

『太平広記』巻四百六十六所引の『三秦記・龍門』によると、

> 龍門山は河東の界に在り。禹　山を鑿《うが》ち門を断ち、濶《ひろ》きこと一里余。黄河　中より流下し、両岸車馬を通さず。毎に暮春の際に、黄鯉魚逆流して上ること有り、得し者は便ち化して龍と為る。又た林登に云う、龍門の下、毎歳の季春に黄鯉魚有り、海及び諸川より争いて来たりて之に赴く。一歳の中、龍門に登りし者は、七十二に過ぎず。初めて龍門に登れば、即ち雲雨有りて之に随う。天火　後より其の尾を焼きて、乃ち

化して龍と為る。其の龍門は水浚箭湧、下流七里、深きこと三里、と。

という。また、清代の張英撰『淵鑑類函』巻四百三十七『鱗介部一・龍一』にも、似た記録が収められている。

辛氏三秦記に曰く、河津は一名龍門、大魚龍門の下に集まりて数千なるも上るを得ず。上りし者は龍と為り、上らざる者は魚と為る。故に暴顋龍門《ぼうさいりゅうもん》と云う。（原注に、大鯉魚龍門に登りて化して龍と為り、登らざる者は額を点じ顋《えら》を暴すと）

『太平広記』の話と『淵鑑類函』の話は、みな散逸した『三秦記』によると記されている。内容の細部は多少異なっているが、鯉が龍門に登れば龍になるという本筋は全く同様である。話の舞台となった龍門は「河東の界」にあるというが、この「河東の界」はすなわち黄河中流域の河東郡を指し、現在の山西省河津県の近くにある。こうしてみると、「登龍門」の話は中国北方の龍神文化の中に生まれたもので、鯉が龍門を飛び越えて龍に変身するということは、龍の起源が中国北方の黄河流域と密接にかかわっていることを物語っているのである。

もちろん、中国北方の龍神文化が南下するにつれて、「登龍門」の話は南方にも広がり、現在のベトナムの首都・ハノイの近くの交趾《こうし》郡封谿県《ぐんふうけいけん》にも「登龍門」の話が伝わっていたことが、『淵鑑類函』巻四百三十七『鱗介部一・龍一』所引の唐代以前の『交州記』によって確認されている。

龍と鯉の関係についてまとめると、龍は陽の極致を代表する天上の存在であり、鯉は陰の極致を代表する水中の存在である。しかし、鯉は昇天志向を持ち、龍にもなれる。龍と鯉はすなわち中国北方の龍神文化の中でつながっているのである。

三

龍と馬の関係は、「龍馬《りゅうめ》」という熟語が生まれるほど緊密である。『玉函山房輯佚書』所引の、梁代の孫柔之《そんじゅうし》が著した『瑞応図』では、龍馬が次のように描かれている。

> 龍馬は、仁馬なり、河水の精なり。高きこと八尺五寸、長頸、身に鱗甲あり、骼に翼あり、旁に垂毛あり。鳴声九音にして水を蹈むも没せず。

龍馬は地上の家畜ではなく、水中の神である。高さ八尺五寸もあり、頸がとくに長い。実際に、この長い頸がそのまま龍の長い頸になったのではないかと考えられる。龍馬の身体には鱗甲があり、この鱗甲は龍と密接にかかわっていた鯉から借りたものであろう。龍馬の身体には翼があり、これは明確に龍馬の昇天志向を示している。鯉の昇天志向はその「登龍門」の行為によって示されるが、龍馬の昇天志向はその翼によって示される。すなわち、鯉と龍馬はともに水中のものでありながら、天上界を目指しているのである。龍馬の鳴き声が「九音」とされているが、この「九音」の「九」は中国北方の龍神文化の代表的な数字であり、龍馬が龍神文化の産物であることを物語っているのである。

『太平広記』巻四百三十五にも、龍馬の話が数多く収められているが、その中の一話を読んでみよう。

> 唐の高宗の武徳五年、景谷県の西水に現るる龍馬は、身長八、九尺、龍の形にして鱗甲あり。龍身馬首、頂には二角あり。白色。口に一物を銜えて、長きこと三、四尺あるべし。波を凌ぎて廻顧し、百余歩にして没す。

この引用でとくに注意しておきたいのは、龍馬の頭に二本の角が生えているということである。この二本の角はのちに龍の角となるわけだが、この二本の角は後述する羊と鹿から借りてきたものだと筆者は考える。

龍馬の話は唐代の玄奘撰『大唐西域記』巻一にも記載されており、それに取材した明代の小説『西遊記』第十五回でも、龍が三蔵法師の馬に変身している。すなわち龍と馬の間には明確な変身関係があり、龍馬の多くの特徴がそのまま龍の基本的な特徴となっているのである。

龍の起源について、これまで大蛇説、ワニ説、トカゲ説、恐竜説、魚説、馬説、豚説、鳥説、竜巻説、虹説、黄河説などいろいろな説が出されているが、筆者は馬説を支持する。繰り返すまでもなく、龍の原型となった馬は普通の馬ではなく、背が高くて頸の長い大きな馬にちがいない。そして、龍馬伝説が中国の北部に集中しているという傾向からも察せられるように、それほど大きな馬が中国の北部に実在していた。このような大きな馬が中軸となり、北方の羊、鹿、鯉の諸要素を取り入れて「龍馬」が誕生し、そして「龍馬」がさらに多くの要素を吸収して最初の龍となったのだ、と筆者は考える。

1971年、内蒙古自治区牛特旗《ぎゅうとくき》三星《さんせい》他《た》拉《ら》村《そん》で五〇〇〇年前の玉龍（写真参照、中国国家博物館所蔵）が出土した。この玉龍については、豚龍だと主張する人がいるが、『龍鳳文化源流』（北京工芸美術出版社、1988年1月）の著者王大有氏や『中国龍の新発見』（北京大学出版社、2000年1月）の著者王東氏など、多くの学者はそれを馬龍と見ている。筆者もそれは馬龍だと考える。この玉馬龍には非常に大きな意味があり、今日の龍が馬の頭を持っているのは、その原型が五〇〇〇年前のこの玉馬龍に直結していることを物語っているのである。

玉龍

日本の学者・石田英一郎氏はその著作『新版河童駒引考』（岩波文庫、1994年5月）の第二章で、馬と牛の対比関係において馬と龍の関係を論じている。

> 前二章にのべてきた中国における水神と牛馬との関係につき、もしきわめて大ざっぱな概観がゆるされるならば、水馬に関する思想が、主として中国西部ないし西北部よりいわゆる西域にかけてつらなっているのに対して、河牛のそれは、むしろ南部または西南部より東南アジア半島にむかって分布していることを見出すのである。しかも両者ともに水神たる龍と密接に結合しているとはいえ、馬と結んだ龍は『漢書』に

みる西極天馬の歌にもうかがわれるように、水霊たるとともにまた天界神の地位にのぼりうる本来の「龍」であり、これに反し、牛と結んだそれは、どちらかといえばもともと河中または土中にひそんで昇天の資格なき「蛟」の族類であった。このことは『易経』にいわゆる「乾を馬と為し、坤を牛と為す」（説卦伝）というこの国古来の根本思想からも、容易に理解しうるところであるが、筆者はさらに一歩をすすめて、龍馬—天馬の観念は、むしろ黄河の流域に国家的支配を樹立した、“北方”系統の種族または階級によって、多く文献のうえにつたえられ、のち徐々に民間の信仰にも沈下したのに対して、牛崇拝にもとづく河牛—土牛の観念は、もともと華南華中寄りの農民大衆の祭と俗信の中にきざして、一面ながく常民の信仰のうちに保持せられるとともに、他面はやくから王侯士大夫の祭祀の中にもとりいれられるようになったのではないかという予想をいだく。この南と北、土と天、牛と馬との二元的対立は、今日の漢民族そのものの歴史的＝文化的構成過程を解明するひとつの鍵となるものであって、儒教にみる天の思想にまで発展した北方的な上天信仰と、道教にもられた南方的な土の宗教、ないしは鄒魯の教学と荊楚の哲理とのあいだにも、またこれに似た関係がみとめられないであろうか。もとより以上は、問題の思想や観念の原初的な段階を想定したうえの対置であって、時代をへるにしたがい、地域的にも思想的にも、これらの二系統の伝承がたがいに交錯し、または融合しあうようになったことは否定できない。（下線引用者）

石田英一郎氏は中国における「南と北、土と天、牛と馬との二元的対立」を指摘しているが、これは筆者の「南北対立構造」説に限りなく近い。龍の起源を検討するには、やはり中国文化のこの「南北対立構造」を認識しておかなければならないのである。

儒教は中国北方の思想であり、道教または老荘思想は中国南方の思想である。儒教は「君子固より窮す」(『論語』)、「仁者は山を楽しむ」(『論語』)と主張し、静本位の思想であるが、道教は「上善は水の若し」(『老子』)と主張し、動本位の思想である。すなわち、儒教と道教はちょうど正反対な対立関係にあるが、馬と牛の関係も実際そうである。前掲の『淵鑑類函』巻四百三十五『獣部七・牛一』には、

広雅に曰く、牛は陰物なり、故に起つには後足を先んじ、臥すには前足を先んず。(中略)造化権輿に曰く、乾を馬と為し、坤を牛と為す。乾は陽なり、故に馬蹄は圓し。坤は陰なり、故に牛蹄は坼く。陽病めば則ち陰勝ち、故に馬は疾めば則ち臥す。陰病めば則ち陽勝ち、故に牛は疾めば則ち立つ。

とあり、馬は陽に属し、牛は陰に属するという考え方が中国ではきわめて一般的で正統な考え方であるということが明らかである。龍が「九陽」であることを第二節で述べたが、この点と結びつけて考えてみると、馬は龍とつながっており、牛は龍と対立しているということが明らかになる。

中国の南方では、牛が龍を退治する話が広く伝わっている。

李氷　蜀郡の守と為る。蛟有り歳に暴して、漂塾相望む。氷

乃ち水に入りて蛟を戮す。己　牛の形と為り、江神龍躍して、氷勝たず。出づるに及びて、卒の勇者数百を選びて彊弓大箭を持たしむ。約して曰く、吾　前者は牛と為り、今は江神も必ず亦牛と為らん。我　太白練を以て自束して以て辨ず。汝　当に其の記無き者を殺すべしと。遂に吼呼して入る。須臾《しゅゆ》にして雷風大いに起こりて、天地一色なり。稍や定まりて、二牛の上に闘う有り。公の練甚だ長白、武士　乃ち其の神を斉射して、遂に斃《たふ》る。此より蜀の人　復び水の病む所と為らず。今に至りて大浪衝濤して、公の祠に及ばんと欲すれば、皆瀰々《びび》として去る。故に春冬に闘牛の戯を設有するは、未だ必ずしも此に由らずんばあらざるなり。

これは、『太平広記』巻二百九十一所引の『成都記』に収められた有名な話であり、李氷が牛に変身し、水害を起こす蛟龍を退治した所にこの話の眼目がある。

牛は農業の守護神であり、中国南方の支配神炎帝も「人身牛首」(『太平御覧』巻七十八所引の『帝王世紀』)とされている。すなわち、中国南方の神様は、まず農業を守る牛的な存在であることが求められる。そして、農業にとっては洪水が最大の災害なので、農業の守護神である牛はまた洪水を起こす元凶の悪龍を退治する任務を与えられたわけである。このように確認してみると、李氷が洪水を治める際にまず牛に変身することの文化的な意義をはっきりと理解することができ、龍退治という牛の南方的性格がいっそう鮮明になるのである。もちろん、李氷が蛟龍退治のために牛に変身する時に、蛟龍も牛に変身した。しかし、「吾　前者は牛と為り、今は江神も必ず亦牛と為らん」という李氷の言葉からも分かるように、蛟龍の牛への変身は単に李氷の牛への変身に対する随順にすぎず、蛟龍と牛の間に、文化的な必然性はなかった。要するに、牛は南方の神的存在で、牛と対立した龍は北方の神的存在だと見てよいわけである。これまで、龍は大蛇やワニを原型にして中国の南方に生まれたという説が出されているが、龍と牛のこの文化上の南北対立関係から判断すれば、この説は成立しがたいと言わざるを得ない。

昔から、蛇は千年を経れば龍に変わるという説があり、梁代の任《じん》昉《ほう》撰『述異記』にも、「水虺《すいき》　五百年にして化して蛟と為る。蛟　千年にして化して龍と為る。龍　五百年にして角龍と為り、千年にして應龍と為る」と書かれている。しかし、『述異記』のこの記述をよく読めば分かるように、この中では、蛇の変化とともに蛇の昇天志向も強調されている。すなわち、蛇から龍に変化することは、本質的には地上から天上へと上昇することを意味するのである。

龍と蛇の根本的な違いは二つあると思う。一つは、龍には足があるが蛇にはそれがないこと、もう一つは、龍には昇天志向があるが蛇にはそれがないということである。昇天志向があるという点から見れば、『埤雅』巻十の『釈虫』に取り上げられた「螣蛇《とうじゃ》」は「風化して能く雲霧を興して其の中を游ぐ」特別な蛇で、それは蛇の例外として本当に龍に近く、また鯉や龍馬と共通している。しかし、普通の蛇はどちらかといえば牛と同様で、昇天志向のない、大地に根ざす存在なのである。

昇天志向があるかどうかという点で、龍と蛇は大いに異なっている。そして、この違いはそのまま龍と蛇という二つの漢字にも現れている。「りゅう」を表す漢字には二通りの書き方があり、一つは「龍」であり、もう一つは「竜」である。二字は書き方が違っているが、上の部分には、ともに「立」がある。唐代の段成式が著した

『酉陽雑俎』巻十七によると、この「立」は「尺木」という。

龍の頭上に一物有り、博山の形の如く、尺木と名づく。龍は尺木無くして、昇天する能わず。

「尺木」は龍が昇天できるどうかにかかわっており、もし龍という漢字から「立」を取ってしまえば、龍は昇天できなくなり、すなわち龍は龍でなくなるのである。

龍と比較してみると、蛇という漢字には、「立」に当たる部分がない。その代わりに、「虫」へんがついている。「虫」へんは大地を這う物の意味であり、この点で日本語も共通している。「蝮」という蛇は日本語では「まむし」という。「ま」が「真」の意味なので、日本人が「まむし」のことを「真の虫」と認識していることが分かる。要するに、蛇の本質が大地を這う「虫」であるのに対して、龍の本質は天上を飛行する「馬」なのである。

四

広島大学教授・富永一登氏のご教示により、筆者は三国時代の呉の康僧会訳『旧雑譬喩経』に龍と羊の変身関係を示す資料を見つけた。龍王が自分の娘を救った国王に感謝するために羊に化し、婦女によって身を滅す愚を彼に説く話がその巻二十一に載っている。この話は、羊が龍の化身となる早い時期の史料として、非常に重要である。

唐代の伝奇小説『柳毅伝』は、科挙に落第した書生柳毅《りゅうき》が困っている龍女を助けたため、最終的に龍女と結婚して億万長者になった物語であるが、この物語は実のところ、龍と羊の関係をよく示している。いじめられた龍女が羊を放牧していたところ、柳毅は彼女に出会い、龍宮へ手紙を届けに行くと請け負ったが、そのすぐ後、柳毅は龍女の行動を不思議に思い、こう聞いた。

「あなたが羊を飼っておられるのは、いったいなんにするためですか。神さまが殺して召しあがるのですか」
とたずねると、女は答えた。
「羊ではありませぬ。雨を降らせる神ですわ」
「雨を降らせる神とはどんなものですか」
「雷獣の仲間です」
毅がふりかえって見ると、みな目を光らせ、力強い足どりをしていて、水を飲み草を食べるようすも羊とはずいぶん違っている。だが、大きさや毛なみ、角などは、羊と変わりがなかった。(前掲の『中国古典文学大系第24巻　六朝・唐・宋小説選』)

龍女が飼っている羊は羊ではなく、「雷獣の仲間」、すなわち雷神なのである。羊は雷神である以上、天上の存在と見てよいわけだが、実は中国北方の龍神文化の支配者黄帝も雷神である。黄帝が龍そのものであるから、黄帝と同じ雷神の資格を持つ羊は当然龍と本質的な接点を持っているのである。

今日、羊が天上の雷神と関係があるといえば、多くの人は不思議に思うかもしれない。しかし、東晋の『捜神記』巻一の第八番の話には、仙人が木彫りの羊に跨って昇天したことが記録風の筆致で描かれているし、また「羊」が入っている漢字について考えてみても、その傾向が認められる。

「養」、「善」、「義」、「美」、この四つの漢字の上部はいずれも「羊」である。すなわち、この四つの漢字はいずれも天上の雷神と密接にかかわっているのである。

『説文解字』によると、「養は供養なり」という。中国北方の龍神文化圏では、もともと騎馬民族の習慣が濃厚に浸透している漢民族が生活していた。彼らにとって、羊は一番身近で、しかも一番美味しい食べ物であった。したがって、羊を食べることは、体の保養であり、天上の雷神に願をかける時には、自分たちにとって一番美味しい羊を犠牲として捧げていた。『説文解字』の指摘した「供養」という原義は、このように生まれたのであろう。

「善」はもともと二通りの書き方があり、一つは「譱」であり、もう一つは「善」である。「譱」は「羊」と「誩」に分けられる。二人の人が言い争っていて、しかもどちらが正しいかが分からない場合、犠牲として羊を一頭天上の雷神に捧げる。すると、天上の雷神が天上から公平な審判をお下しになる。これが「譱」の原義である。もう一つの「善」だが、この字の上部は羊である。その下部が何であるかについて、どこにも明らかな説明がないが、筆者個人の考えでは、その下部は「台」の変形である。すなわち、「台」の上に「羊」を載せるという象形である。言うまでもなく、この「台」は神前の犠牲を載せる台であるので、天上の雷神に犠牲として羊を捧げるのが、「善」の原義である。

「義」は「羊」と「我」から成る。『説文解字』では、「義」の原義は「己の威儀」と解釈されているが、しかし、「羊」と「我」が一緒になると、なぜ「己の威儀」となるのかについては意見が分かれている。『大漢語林』（大修館書店、1992年4月）の著者鎌田正氏、米山寅太郎氏と、『字通』（平凡社、1996年10月）の著者白川静氏は

「殺牲様子説」を提出しているが、『角川大字源』（角川書店、1992年2月）の著者尾崎雄二郎、都田春男、西岡弘、山田勝美、山田俊夫の五氏は「舞踊行礼説」を提出している。そして、筆者は筆者なりの説を持っている。「我」は戈を手に持つ己の意味であり、「羊」が「戈」の上にあるので、「義」は、天上の雷神に向かって犠牲である羊を高く突き上げている己の姿と理解することができよう。『説文解字』の指摘した「己の威儀」という原義は、まさにこの象形から生まれたのではないかと考えられる。もちろん、「己の威儀」は単なる形式美ではなく、それ相応の意味がある。犠牲としての羊を高く突き上げているのは、雷神に宣誓をしている様子であり、絶対に約束を守るぞといったような神様との約束意識が「義」の中核となっていたはずである。

「美」は「羊」と「大」から成る。『説文解字』は「美は甘なり」と指摘し、「美」の原義は「美味」と解釈しているが、実は、大きな肥えた羊は形態的にも非常に美しく、「美味」と「壮美」の両方の意味を、「美」は原義として含んでいると考えられる。また、「羊」が「美」の上部に入れられているという所を見ても分かるように、この「羊」も実際天上の雷神に捧げる犠牲なのである。

このように確認してみると、羊は、中国北方の漢民族の一番の好物であると同時に、天上の雷神への最高の犠牲でもある。したがって、羊はしだいに雷神の仲間であるという文化的コードを持つようになったのであった。

「龍馬」ほどポピュラーではないが、実は、「龍羊」という熟語もある。宋代の宋祁《そうき》が著した『益部方物略記』は、「龍羊」という種類の羊をあげ、その特徴として「羊質にして大角首に於いて繚《めぐ》る」と指摘している。筆者は映画や写真でこの「龍羊」を見たことがある。非常に大きな羊で、頭の両側に丸く曲がっている大きな角と、腹の両側に長い毛が垂れているのがその特徴であるが、実際、腹の両側に長い毛が垂れているという特徴は、「龍馬」の一特徴としてその体に吸収されている。「旁に垂毛あり」がそれである。羊、とりわけ「龍羊」は「龍馬」というイメージの形成を通して、龍の形成にも影響を与えているのである。

以上見てきたように、馬と同様に、羊も龍と本質的な関連を持っている。馬と羊はいずれも北方の家畜なので、それらと龍の本質的な関係は、龍の北方的出自をはっきりと物語っているのである。

五

前掲の『淵鑑類函』巻四百三十『獣部二・鹿一』には、次のような記述がある。

> 本草集解に曰く、鹿は馬身羊尾、頭側みて長く、高脚にして行くこと速し。牡は角有り、夏至れば則ち解く。大なること子馬の如く、黄質白斑、俗に馬鹿と称す。

昔の中国人から見れば、ある種の鹿は「馬身羊尾」で、馬と羊の結合体である。この種の鹿は「馬鹿」と言い、子馬のようで角がある。実際、この「馬鹿」は、龍の起源を考える上でとくに注意すべきである。定型化した龍を見れば、龍の角が鹿から借りてきたものであることは明らかである。とはいえ、鹿は最初から龍と緊密な関係を持っていたわけではない。「馬身羊尾」や「馬鹿」という表現からも分かるように、鹿が龍と緊密な関係を持ったのは、馬と羊を媒介としているからである。繰り返しになるが、龍の原型は馬である。「馬鹿」は馬に似ているから、まず馬に同類の関係を持つことができた。一方、「馬鹿」は羊とも共通点があるので、羊とも同類の関係を持つようになった。こうしてみると、龍の角は最初のうちは羊の角であった可能性が非常に高い。古代の龍に関する文献には、羊の角を持つ龍がよく見られるし、筆者自身が所蔵している古代の玉龍も羊の角である。しかしその後、「馬鹿」が馬と羊の仲間となると、龍の角はまた自然に、より格好のよい鹿の角にすり替わったのであろう。

「馬鹿」もまた北方の動物である。「馬鹿」と龍の本質的な関係から判断すれば、龍はやはり中国の北方に誕生したのだと理解した方が妥当であろう。

六

犬も龍と関係を持っており、「龍犬」がその証拠である。『捜神記』巻十四の第三四三番の話が、その一例である。

> 昔徐国の後宮にいた婦人が懐妊して卵を生んだが、縁起でもないと思って、河原に捨てた。ところが、鵠蒼《こうそう》という名の犬がその卵をくわえて帰って来た。やがて子供が産まれ、その子はのちに徐国の後継ぎになったのであった。
>
> その後、鵠蒼は死ぬ直前に角が生え、九本の尾を生じた。実は黄龍だったのである。そこで徐国の領内に葬った。いまでもそこには犬塚が残っている。(前掲の竹田晃訳『東洋文庫・捜神記』)

『捜神記』巻二十の第四五七番の話にも、『捜神後記』巻九の第一〇〇番の話にも、龍犬が登場している。

呉の孫権の時代に、李信純という人があった。襄陽郡紀南県《しょうようぐんきなんけん》（湖北省）の人である。家に黒竜という犬を飼っていたが、ことのほかかわいがって、いつもそばにおき、食事のときにはなんでも分けてやるほどであった。

ある日、信純は城外で酒を飲み、すっかり酔ってしまった。家まで帰り着けずに草の中で寝ころんでいると、そこへ太守の鄭瑕《ていか》が猟に出ていて、田の草が茂っているのを見たから、従者に命じて火をつけさせた。

信純の寝ていたところは、ちょうど風下にあたっていた。犬は火が燃えて来るのを見て、信純の着物をくわえながら引っぱったが、信純のからだはびくともしない。寝ている場所のそばに谷川があって、四、五十歩へだたっていたのだが、犬はそこへ走って行くと水の中へとびこみ、ぬれたからだで主人の寝ているところへ馳せもどると、そのまわりで身ぶるいをし、水をまいて歩いた。こうして主人の大難を救うことができたのだが、犬のほうは水運びに疲れはてて、主人のわきに倒れたまま死んでしまったのである。

やがて信純が目をさまして見れば、犬はもう死んでいるし、からだじゅうの毛が水びたしになっている。どうしたわけかとふしぎでならなかったが、火の燃えたあとを見て事情をさとり、声をあげて泣いていた。（後略、出典同前）

会稽郡句章県《かいけいぐんくしょうけん》（浙江省）の庶民で張然という者が、賦役に駆り出されて都へ行ったまま、数年間家に帰ることができなかった。（中略）張然は都で一匹の犬を飼っていたが、非常に敏捷な犬で、烏竜と名づけ、いつも供に連れていた。

その後、張然は休暇をもらって家に帰ることとなったが、妻は下男と共謀し、なんとかして然を殺そうと考えた。然が家に着くと、妻は食事を作り、さし向かいに坐って箸を取ろうとするときに、然に話しかけた。

「あなたと永のお別れをしなければなりません。食べたくなくても、これを食べてください」

然がまだ箸をつけないうちから、下男はもう弓に矢をつがえて引きしぼり、戸口のところに立って、然が食べ終わるのを待っていた。然は涙を流すばかりで、食べることができない。（中略）

下男は然に早く食えと、ますますせわしく催促する。然は覚悟をきめ、膝を叩いて大声に命じた。

「烏竜、かかれ！」

犬はその声に応じて、下男に噛みついた。下男が武器を落として倒れると、犬はその陰部を噛み切った。然はそこで刀を取りあげ、下男を殺し、妻は県の役所につき出して、死刑にしてもらった。（前掲の『中国古典文学大系第24巻　六朝・唐・宋小説選』）

この二つの話は、いずれも龍犬の主人に対するこの上ない忠誠心を表しているのである。

今日のわれわれにとっては、犬と龍の接点がどこにあるか想像しにくい。しかし、古代の中国人にとっては、犬と龍の間には明確な接点があり、それらの関係は、鹿と龍の関係に似ているのであった。

天狗という名の星がある。『史記・天官書』によれば、「天狗は、状、大奔星の如くにして、声有り。其の下りて地に止まるときは、狗に類たり」という。すなわち、まず天狗という星によって、犬と天の関係が出来上がったのである。

天狗は星の名前であると同時に、また怪獣の名前である。『山海経・西山経』によると、天狗は「狸に似て、頭が白い」という。

『史記』の「其の下りて地に止まるときは、狗に類たり」という記述は天狗の怪獣性を示唆しているが、『山海経』の記述と結びつけて考えると、天狗はむしろもともと地上の狸に似た特別な白犬（あるいは頭部だけが白い犬）を指し、のちにこの特別な天狗にもとづいて天上のある星を命名したと考える方が妥当であろう。

白犬といえば、天馬のことも思い出される。『山海経・北山経』によると、天馬は「白犬に似て頭が黒く、人を見れば飛び去る」という。天狗は白犬である。天馬も白犬に似ている。したがって、天狗は形態的には天馬に似ていると判断してよく、犬と馬はこのようにして天上界にかかわるものとして密接な関係を結ぶことができたのである。

第三節では述べなかったが、天馬は龍馬の別名でもあり、龍馬の中には確かに白馬が多い。第二節では、『太平広記』巻四百三十五所引の、白色の龍馬の話を引用したが、実は、その話のすぐ後には、もう一つの話が収められている。

西陵の北、陸行すること三十里、石穴有り馬穴と名づく。常に白馬此の穴より出づること有り。人之を逐えば、潜行して漢中より出づ。漢中の人馬を失えば、亦此の穴を出ず。相去ること数千里。今　馬穴山は峡州夷陵に在り。

この話に登場した白馬は、「龍馬」とは書かれていない。しかし、馬穴は山中の渓流と一体となっているのが常識なので、この話の文脈としては、この白馬は水中の霊物だと見なされているにちがいない。そして、水中の霊物はまさに龍馬の最も顕著な特徴であるので、この話の中の白馬も龍馬と考えてよいであろう。

『西遊記』の三蔵法師が乗っている馬は龍が変化したものであるということを第二節で指摘したが、ここでとくに強調したいのは、その馬も白馬だという設定である。

要するに、龍馬はしばしば白馬と考えられており、白犬の天狗はこの点で龍馬と相通じている。犬はまさに天狗と龍馬の類似を通して、馬、そして龍との関係を築き上げたのである。

もちろん、犬と龍の関係を築き上げる媒介となったのは馬だけではない。羊も重要な役割を果たしている。『捜神記』巻四の第八八番の話を読んでみよう。

漢の宣帝の時、南陽（河南省）の陰子方は、生まれつき大そう親孝行で、善行を重ね、好んで施しものをしていた。

彼はまた、竈の神をまつることが好きだったが、ある年の竈祭りの日のこと、朝炊事をしていると、竈の神が姿を現わした。子方は再拝してこの福をありがたく迎え、家に飼っていた黄色い羊をつぶして神に捧げた。このことがあってから、子方はあっという間に莫大な財産を築き、七百頃《けい》以上の田、車や馬、それに奴隷の数も、地方の長官と肩をならべるほどになったのである。(前掲の竹田晃訳『東洋文庫・捜神記』)

ここには、「黄色い羊」が登場している。しかし、この「黄色い羊」は羊ではない。中華書局が1979年9月に出版した『捜神記』の該当個所の注によると、『荊楚歳時記』には「黄犬を以て之を祭り、之を黄羊と謂う」という言葉があり、『古今注』には「狗は一に黄羊と名づく」という言葉がある、という。すなわち、「黄色い羊」は実は黄色い羊ではなく、黄色い犬なのである。加えていうと、犬の色にはいろいろあるが、その中から黄色い犬を選んだのは、黄色い犬の肉が一番美味しいからである。明代の李時珍は『本草綱目』の中で「黄犬を上と為し、黒犬、白犬は之に次ぐ」と述べているが、この記述はすなわち、黄色い犬が一番美味しいことの証拠なのである。

第四節で述べたが、黄河流域の中国人はよく犠牲として羊を天上の雷神に捧げていた。そして羊がない場合、その代替物として身近な黄色い犬を使っていた。しかし、黄色い犬は正式な犠牲用家畜ではなく、正式な犠牲用家畜はやはり羊と牛と豚であった。こうなると、たとえ黄色い犬を犠牲に使っていても、犬という名を使わず、「黄羊」という、犬を美化する名を使っていた。すなわち、蛇が龍という美称を持っているのと同様に、黄色い犬は「黄羊」という美称を持っており、犬は龍馬と羊を媒介として龍と密接にかかわるようになったのである。

『捜神記』、『捜神後記』の説話を見ても分かるが、龍犬の話はどちらかといえば南方に多い。これはいったいなぜであろうか?

犬はもともと中国南方の神的存在であり、今日でも、瑤族《ようぞく》など昔は「蛮夷《ばんい》」と呼ばれた少数民族の間で犬崇拝が続いている。『後漢書・南蛮西南夷列伝』には、このような話が載っている。

昔　高辛氏に犬戎の寇有り。帝　其の侵暴せることを患いて、征伐するも剋たず。乃ち天下を訪募し、能く犬戎の将呉将軍の頭を得る者有らば、黄金千鎰邑萬家を購し、又た妻わすに少女を以てせんとす。時に帝に畜狗有り、其の毛五采、名は槃瓠《ばんこ》と曰う。令を下せし後に、槃瓠　遂に人頭を銜《くわ》えて闕下に造れり。群臣怪しみて之を診るに、乃ち呉将軍の首なり。帝　大いに喜びて、計るに槃瓠は之に妻わすに女を以てすべからず、又た封爵の道無し。議るに報い有らんと欲するも未だ宜しき所を知らず。女　之を聞きて以為らく　帝皇令を下せり。信に違うべからずと。因りて行かんことを請う。帝已むを得ず、乃ち女を以て槃瓠に配す。槃瓠　女を得て、負いて走りて南山に入りて、石室の中に止まる。処する所険絶にして、人跡至らず。是に於いて女　衣裳を解き去りて、僕《ぼっ》鑒《かん》の結いを為して、独力の衣を著けたり。帝　之を悲思して使を遣りて尋求すれば、輒《すなわ》ち風雨の震晦なるに遇いて、使者進むことを得ず。三年を経て子一十二人を生む。六男六女。槃瓠死せし、因りて自ら相夫妻し、木皮を織績して、染むるに草実を以てす。五色の衣服を好みて、製裁するに皆尾の形有り。其の母　後に帰りて状を以て帝に白し、是に於いて諸子を迎致せしむ。衣裳斑蘭《はんらん》たり、語言侏離《しゅり》たり。山壑《さんがく》に入ることを好みて、平曠《へいこう》を楽しまず。帝其の意に順いて、賜うに名山広沢を以てす。其の後滋蔓たり。号して蛮夷と曰う。

犬は蛮夷の父親である—これが「龍犬」の生まれる素地である。もちろん、素地だけでは、犬はやはり犬で「龍犬」にはならない。しかし、北方の龍神文化が南下し、しかも、北方の龍神文化に合致するように南方文化が変化すると、南方の神的存在である犬と北方の神的存在である龍が習合し、その結果「龍犬」が誕生した。槃瓠の説話を始め、数多くの「龍犬」説話が出現した背景としては、南方の犬崇拝と北方の龍神崇拝との習合があったのであろう。

もちろん、北方の龍神文化の南下によって、犬崇拝の地域には「龍犬」だけでなく、「犬龍」一犬頭を持つ龍も生まれた。そのほかに、蛇を崇拝した地域には「蛟龍」、ワニやトカゲを崇拝した地域には「鼉龍《だりゅう》」、鷹を崇拝した地域には「應龍」もそれぞれ生まれたのであった。

七

以上、六節に分けて龍と鯉、馬、牛、羊、鹿、犬の関係について検討してきたが、それを通して、龍の北方の出自および中国における龍の放射線的な伝播の軌跡を明らかにすることができた。龍はもともと北方に起源する文化的産物である。北方の文化が南下するにつれて、また文化の統一という必要もあって、龍という概念の拡大が行われ、北方的な龍と南方的な龍が生まれた。北方的な龍が鯉、馬、羊、鹿などを基礎にして生まれ、天を志向するものであるのに対して、南方的な龍は大蛇、ワニ、トカゲ、鶏、犬などを基礎にして生まれ、大地を志向するものである。そして最後に、北方的な龍と南方的な龍がもう一度統合して、今日のような龍に変わったのだ、と筆者は考えている。

中国の学者王東氏は干支で龍年に当たる2000年1月に、『中国龍の新発見』(北京大学出版社)という時宜を得た著作を出版した。そして、その第二篇第三章第八節で、「六大区域、九種原龍」という新説を提出している。

中華文明起源期の発源地は昔に言われた黄河流域や中原地帯ではない。「黄河—長江」という中国特有の両河流域には、東西南北にわたって六大文化区域が存在していた。

もしこれを広い歴史的背景にしてみれば、中国龍の起源と中華文明の起源はだいたい同時期であり、同時に発生し、同時に発展したものであるといえる。この六大文化区域には、相前後して九種の原龍が現れていた。

(一) 北方紅山文化：内蒙古馬型原龍と遼河流域豚型原龍

(二) 西北仰韶《ぎょうしょう》文化、馬家窯文化：魚型原龍と山椒魚型原龍

(三) 中原仰韶—龍山文化：仰韶文化中の山椒魚型原龍と陶寺文化中の蛇型原龍

(四) 山東大汶口《だいぶんこう》文化—龍山文化：鷹型原龍と虎型原龍

(五) 東南河姆渡文化—良渚文化：鷹型原龍と虎型原龍

(六) 中南大渓文化—屈家嶺文化：鹿型原龍と豚型原龍

(中略)

二十世紀の考古学的発見を見るだけでも、中華文明の起源期に、六大文化区域には十二種の原龍形態が存在していた。重複の三種を除いても、なお九種もの原龍があるのである。

王東氏のこの同時発生の原龍説は「二十世紀の考古学的発見」に基づいており、確かな根拠があるものといえよう。しかし、この説は各文化区域の間の最大で二〇〇〇年近くの時間差を無視しているし、現段階の考古学ではまだ充分に解明できないにしろ中国文化全体に顕著に現れている「南北対立構造」を考慮に入れていない。も

ちろん、筆者も中華文明は黄河流域や中原《ちゅうげん》地域に起源するとは考えていない。各地域には、もともと独自の文化が存在していたにちがいない。とはいえ、各地域の文化が接触しないかぎり、形態的には総合性を持つ龍は決して生まれない。実際に、中国文化の「南北対立構造」はまさに各地域の文化の衝突と融合を物語っている。そして近年、北方の紅山文化区域では八〇〇〇年前の遺跡が発見され、南北文化の衝突と融合の空間がさらに広くなった。これほど広大な文化空間を考慮に入れて、もう一度中国における北方文化と南方文化の相関関係を考えると、草原・遼河《りょうが》文化→黄河・中原文化→長江・山岳文化という文化上の南下現象が確かに見受けられる。そして、中国文化のこの南下過程において、形態的に総合性を持つ龍が誕生した。もしさらに北方文化の南方への移動という移動性を重視して追究すれば、龍の中核となっているのは、北方文化の神髄であり、移動性も抜群の馬であると結論づけられるのである。

主要参考文献

1. 大槻文彦著『大言海』(富山房、1935年9月)
2. 倉野憲司校注『古事記』(岩波文庫、1963年1月)
3. 竹田晃訳『捜神記』(東洋文庫・平凡社、1964年1月)
4. 丸山林平著『上代語辞典』(明治書院、1967年7月)
5. 前野直彬編訳『中国古典文学大系第24巻六朝・唐・宋小説選』(平凡社、1968年7月)
6. 京都大学文学部国語学国文学研究室編纂『諸本集成・倭名類聚抄[本文篇]』(臨川書店、1968年7月)
7. 内田泉之助・乾一夫著『新釈漢文大系第44巻・唐代伝奇』(明治書院、1971年9月)
8. 佐竹昭広・木下正俊・小島憲之著『万葉集訳文篇』(塙書房、1972年3月)
9. 望月長與著『一音語のなぞ—日本語の発掘ノート—』(六藝書房、1972年12月)
10. 吉田賢抗著『新釈漢文大系第38巻・史記(一)』(明治書院、1973年2月)
11. 文化庁監修、伊藤延男・太田博太郎・関野克編集『文化財講座・日本の建築1・古代I』(第一法規出版、1977年3月)
12. 武田祐吉訳注・中村啓信補訂解説『新訂古事記』(角川文庫、1977年8月)
13. 藤堂明保監修・清水秀晃著『日本語語源辞典』(現代出版、1984年7月)
14. 鈴木正崇・金丸良子著『西南中国の少数民族貴州省苗族民俗誌』(古今書院、1985年5月)

15. 劉尭漢著『中国文明源頭新探—道教と彝族虎宇宙観—』（雲南人民出版社、1985年8月）
16. ものみの塔聖書冊子教会訳『聖書—新世界訳—』（WATCHTOWER BIBLE AND TRACK SOCIETY OF NEW YORK, INC, 1985年）
17. 鎌田正・米山寅太郎著『漢語林』（大修館書店、1987年4月）
18. 白川静著『字訓』（平凡社、1987年5月）
19. 王大有著『龍鳳文化源流』（北京工芸美術出版社、1988年1月）
20. 堀井令以知編『語源大辞典』（東京堂、1988年9月）
21. 羅竹風主編『漢語大詞典』（漢語大詞典出版社、1990年12月～1994年4月）
22. 中西進著『神話力—日本神話を想像するもの—』（桜風社、1991年10月）
23. 尾崎雄二郎・都田春男・西岡弘・山田勝美・山田俊夫著『角川大字源』（角川書店、1992年2月）
24. 彰国社編『建築大辞典第2版』（彰国社、1993年6月）
25. 井沢元彦著『逆説の日本史・1古代黎明編—封印された「倭」の謎—』（小学館、1993年10月）
26. 石田英一郎著『新版河童駒引考』（岩波文庫、1994年5月）
27. 坂本太郎・家永三郎・井上光貞・大野晋校注『日本書紀（一）』（岩波文庫、1994年9月）
28. 佐伯有清編『日本古代氏族事典』（雄山閣、1994年10月）
29. 荒川紘著『龍の起源』（紀伊国屋書店、1996年6月）
30. 李国棟著『日中文化の源流—文学神話からの分析—』（白帝社、1996年6月）
31. 萩原秀三郎著『稲と鳥と太陽の道—日本文化の原点を追う—』（大修

館書店、1996年7月）
32. 袁康・呉平輯録、俞紀東訳注『越絶書全訳』（貴州人民出版社、1996年10月）
33. 金関丈夫著、大林太良編『木馬と石牛』（岩波文庫、1996年10月）
34. 白川静著『字通』（平凡社、1996年10月）
35. 川添昭二・武末純一・岡藤良敬・西谷正浩・梶原良則・折田悦郎著『福岡県の歴史』（山川出版社、1997年12月）
36. 金田久璋著『森の神々と民俗』（白水社、1998年10月）
37. 新村出編『広辞苑』第五版（岩波書店、1998年11月）
38. 李珍華・周長揖編撰『漢字古今音表（修訂本）』（中華書局、1999年1月）
39. 吉野裕子著『蛇—日本の蛇信仰—』（講談社学術文庫、1999年5月）
40. 安田喜憲著『東西文明の風土』（朝倉書店、1999年11月）
41. 陳橋駅著『呉越文化論叢』（中華書局、1999年12月）
42. 王東著『中国龍の新発見』（北京大学出版社、2000年1月）
43. 鬼頭宏著『人口から読む日本の歴史』（講談社学術文庫、2000年5月）
44. 陳忠来著『太陽神の故郷—河姆渡文化探秘—』（寧波出版社、2000年12月）
45. 寺沢薫著『王権誕生』（講談社、2000年12月）
46. 日本国語大辞典第二版編集委員会編集『日本国語大辞典第二版』（小学館、2001年1月～2002年12月）
47. 梅原猛・河合隼雄監修、梅原猛・厳文明・樋口隆康著『長江文明の曙』（角川書店、2001年2月）
48. 王慕民・管敏義編『河姆渡文化新論』（海軍出版社、2002年1月）
49. 安田喜憲主編『神話祭祀と長江文明』（文物出版社、2002年3月）
50. 『The Origins of Pottery and Agriculture』（Edited by YOSHINORI

YASUDA, Lustre Press, Roli Books, 2003）
51. 稲盛和夫監修、梅原猛・安田喜憲著、竹田武史写真『長江文明の探求』（新思索社、2004年8月）
52. 中国戦国時代『山海経』
53.『後漢書・南蛮西南夷列伝』
54.『三国志・魏書・東夷伝』
55.『隋書・東夷列伝』
56. 宋代陸佃撰『埤雅』
57. 宋代李昉撰『太平広記』
58. 清代張英撰『淵鑑類函』

あとがき

一

2005年1月22日、中国の国営通信社・新華社は長江下流域に位置する浙江省中部の浦江県の上山遺跡から、約一万年前の栽培稲のもみ殻が見つかったと報道した。浙江省考古学研究所の調査によると、約一万年前の土器とともに出土した大量のもみ殻を調べたところ、野生種より長さが短く、幅は逆に太いという栽培稲特有の特徴が確認できたという。本書では、長江中流域から下流域までの稲作文明を繰り返し取りあげ、とりわけ浙江省東部の七〇〇〇年前の稲作遺跡河姆渡遺跡について論じたが、この枠内で考えると、上山遺跡の一万年前の稲作は明らかに河姆渡遺跡の前段階に位置し、そして、長江中流域のより古い稲作遺跡とつながっている可能性が非常に高い。近年来、長江文明の基礎である稲作の新発見が次から次へと続いており、長江文明の「源」と「流」がいよいよ明らかになってくるのではないかと私は予感しているのである。

二

約一万年前、越族の人々が上山遺跡で稲を栽培していたころ、中国大陸の沿岸部、東シナ海および日本列島はどういう情況であったのだろうか？

中国の著名な歴史地理学者陳橋駅氏の論文「越族の発展と流散」(『呉越文化論叢』所収、中華書局、1999年12月）によると、二万三〇〇〇年前の東シナ海は、海面が今より一三六メートルほど低く、東シナ海の底となっている中国大陸棚がほぼ完全に露出した大地であった。しかし、一万五〇〇〇年前、asnmonia海進が発生したので、海面が上昇し始め、一万二〇〇〇年前の海面はマイナス一一〇メートル、一万一〇〇〇年前の海面はさらに五〇メートル上がり、マイナス六〇メートルにまで到達した。その結果、東シナ海が現れ、日本列島が形成されたのであった。その後、海面がさらに上昇し、八〇〇〇年ほど前にはマイナス五メートルに、六〇〇〇年ほど前には今よりプラス十二メートルにまで上昇してしまった。上述のことをふまえて考えると、本書で取り上げた河姆渡遺跡はまさに六〇〇〇年前の今より十二メートル高い海面の上昇によって滅ぼされたのであるが、asnmonia海進は越族の稲作基地を破壊しただけではなく、越族の大規模な移動をも引き起こしたのであった。

思えば、二万三〇〇〇年前に、東シナ海がなく、中国大陸の大陸棚がほぼ完全に露出していた頃、越族の多くはそこで暮らしていただろう。その時、中国大陸は高い台地であり、日本列島は高い山脈であった。しかしその後、海面がだんだん上昇し、一万一〇〇〇年前海面がマイナス六〇メートルに達した時には、彼らは移転せざるを得なくなった。そして、彼らの移転コースは主に二本あったと推察される。一本は平地となった中国大陸への後退であり、もう一つは日本列島など島となった島々への上陸であったが、のちに、中国大陸に移転してきた人々は「内越」、すなわち内陸部の越族と呼ばれ、日本列島など東シナ海の中の島々に上陸した人々は「外越」、すなわち海外の越族と呼ばれるようになった。そして、日本列島に上陸した「外越」の人々は主に北陸地方に住んでいたので、北陸地方は昔「越前」「越中」「越後」と呼ばれていたのであろう。もちろん、四国など「外越」の人々は日本列島のほかの所にも上陸しており、「えつ」に由来した「おち」という名字はその証拠となっているのである。

もっとも、この「外越」が日本列島に上陸した時、長江流域の稲作はまだ浙江省中部の浦江にも伝わっていなかった。したがって、稲作文化を日本列島に伝えたのは彼ら「外越」ではなかったと断定できる。その担い手は、やはり紀元前300年～200年の間に中国大陸の越国から「外越」を頼って日本列島へと逃亡してきた「内越」であっただろう。

三

asnmonia海進によって、越族は「内越」と「外越」に分かれたけれども、互いにずっと交流を続けていた。だから、秦の始皇帝は越国を滅ぼした後、「内越」と「外越」の交流を絶つために強制移民政策を実施したのであったが、しかし、「内越」と「外越」が東シナ海横断の危険を冒してまで交流を続ける必然性は、いったいどこにあったのだろうか？

長い間、わたしはこの問題に答えられなかったが、2004年、国際日本文化研究センター教授安田喜憲氏を代表とした共同研究「日本文明史の再建—①日本人の山岳信仰」に参加し、とりわけ安田喜憲教授たちと一緒に白山と立山を実地踏査したことによって、ようやくある解答を得た。

越前の白山一帯は水銀や銅の産地であり、地名「丹生《にゅう》」がその証拠である。越中の立山一帯は硫黄の産地で、「立山博物館」にはそれが展示されている。一方、越後は翡翠の産地であり、梅原猛・厳文明・樋口隆康著『長江文明の曙』（角川書店、2001年2月）第一章の玉の注では、越後の翡翠についてこう解説されている。

ヒスイ（硬玉）は、新潟県糸魚川市で日本海に出る姫川の支流・小滝川やそれとほぼ平行して流れる青海川で産出され、勾玉などに加工された。姫川は古くから、沼名河・渟名川と呼ばれ、『古事記』が伝える大国主命が奴奈川姫に妻問いした伝承は、小滝川のヒスイを採集したという事実を反映しているといわれる。『万葉集』にも、「渟名川の底なる玉求めて得まし玉かも拾ひて得まし玉かも惜しき君が老ゆらく惜しも」の歌がある。なお、糸魚川市に隣接する新潟県の最西端の青海町には縄文時代の、その西隣りの富山県朝日町には古墳時代の、ヒスイを採集して勾玉等に加工した遺跡が発見されている。

小滝川の渓谷にヒスイが産出されることは、昭和二〇年代中頃になって確認され、昭和三〇年、国の重要文化財（天然記念物）に指定された。青海川橋立地区のヒスイ産出地も翌三一年に同様の指定をうけた。

この引用からもわかるように、縄文時代から越後が翡翠の産地として有名だったのだが、わたしの考えでは、そこの翡翠を発見したのは、すなわちそこに上陸した「外越」であった。

浙江省の良渚遺跡から大量に出土した精緻な玉器が示しているように、越族はもともと玉を崇拝した民族であり、彼らは高い水準の玉文化を持っていた。そして、のちに「内越」によって建てられた越国は銅剣や鉄剣の製造に長けた国柄で、銅鉱石や、銅鉱石を溶かすのに使う硫黄に対する需要が当然高かった。これと結びつけて考えると、「内越」と「外越」の交流の根底には、翡翠や銅鉱石や硫黄の貿易があったのではないかと推察される。これが彼らの東シナ海を横断してまで交流を続ける必然性なのである。

四

日本に来てから、今年で十六年になる。この間、九冊の本を出版し、その半数以上は白帝社の好意によるものであった。売れない研究書の出版をお願いするたびに済まないと思っていたが、佐藤康夫社長と小原恵子さんはいつも笑顔で快諾して下った。そして、十冊目になる本書もまたこの二方の快諾で白帝社から出版することになった。本当にありがたく思っている。

一外国人として日本に十六年間住み続けている。長すぎると思われるかもしれないが、正直にいって、この十六年間の実生活がなければ、わたしは決して日本の神話伝説や和語には深い関心をもてず、本書も当然のことながら書けなかったと思う。本書を書き終えた今、わたしはようやくこの十六年間の日本暮らしに報いることができたと安堵し、そして、一種の満足感を覚えている。

もちろん、外国人には和語の原義の研究ひいては日本の古代史の復元が非常に難しく、時々力不足を感じていた。したがって、本書には認識不足や誤解が相当あるにちがいなく、日本の読者の皆様方の率直なご批判を頂きたいと心から願っている次第である。

2005年春桜花爛漫の時節
広島市中区の仮寓にて

李　国棟

[著者略歴]

李国棟（Li Guodong）

1958年10月、中国北京市生まれ。1985年7月、北京大学大学院修士課程修了。1999年2月、広島大学にて博士学位取得。広島大学大学院文学研究科外国人教師、首都師範大学客員教授。

著書に、『夏目漱石文学主脈研究』（北京大学出版社、1990年5月）、『魯迅と漱石―悲劇性と文化伝統』(明治書院、1993年10月)、『日中文化の源流―文学と神話からの分析』（白帝社、1996年6月）、『中国伝統小説と近代小説―様式に見る作品の特徴』（白帝社、1999年4月）、『魯迅と漱石の比較文学的研究―小説の様式と思想を軸にして』（明治書院、2001年2月）、『第三版日本見聞録―こんなにちがう日本と中国』（白帝社、2002年2月）などがある。

「邪馬臺」は「やまたい」と読まず

2005年9月5日　第1刷発行

著　者　李　国　棟

発行者　佐藤康夫

発行所　白　帝　社

〒171-0014　東京都豊島区池袋2-65-1

TEL 03-3986-3271

FAX 03-3986-3272

http://www.hakuteisha.co.jp/

組版　(株)柳葉コーポレーション

印刷　(株)大倉印刷　　製本　若林製本所

Printed in Japan〈検印省略〉6914　　ISBN4-89174-750-1